仕事も人間関係もイライラしないでうまくいく!

マンガでよくわかる 怒らない技術

嶋津良智 著

星井博文 漫画原作

アサミネ鈴 作画

フォレスト出版

登場人物紹介

多喜幸一郎

たき・こういちろう

オーモリ食品の人事部所属。
千夏に怒らない技術を伝授する。

坂上千夏

さかがみ・ちなつ

オーモリ食品入社4年目。新スイーツ「生どら焼き」の発表会イベントのチームリーダーに就任。絶対に成功させると意気込むが、チームメンバーが思うように動いてくれず、怒ってばかり……。

山野冬彦

やまの・ふゆひこ

オーモリ食品入社13年目。プライドが高く、千夏が何を頼んでも理由をつけて断る。過去に怒りまくってリーダー失格の烙印《らくいん》を押されたことあり。

橘晴香

たちばな・はるか

オーモリ食品入社3年目。慎重な性格で、仕事はきちんとするが亀より遅い。

秋山隆太

あきやま・りゅうた

オーモリ食品入社2年目。チャラい性格で、学生気分が抜けていない。

はじめに　「怒らない技術」は誰でも身につけられる！

本書を手にしていただきまして、ありがとうございます。

本書は、**累計90万部を突破した拙著『怒らない技術』シリーズ（『怒らない技術』『怒らない技術２』『子どもが変わる　怒らない子育て』）**をマンガ化したものです。

マンガの主人公は、食品会社の営業部で働く坂上千夏さん。新商品の発表会イベントのリーダーを任されますが、部下が思うように動いてくれず、毎日イライラしたり、怒ってばかりでした。

しかし、ふとしたきっかけから「怒らない技術」を知り、それを仕事で実践しはじめたところ、**部下の仕事ぶりやチームの雰囲気に少しずつ変化**が表れます。

私はもともと超短気な性格です。かつて私も千夏さんと同じように、怒りで部下をマネジメントしていたことがありました。そのとき私がやっていたのは、「ＫＫＤマネジメント」でした。ＫＫＤとは、頭文字をとった私の造語で、「恐怖」「脅迫」「ドッキ」によるマネジメントです。

しかし、それではチームの成績をトップクラスに保つことはできませんでした。

そんなとき**「怒らない」という選択肢がある**ことに気づきました。

これまでは誰かに「怒らされた」と思っていました。

でも、そうではありませんでした。考えてみると、すべての場面に、「怒る」という選択肢と、「怒らない」という選択肢があったのです。

そして、自分で「怒る」ことを選んだために、怒ったのです。

それはわずか0・0001秒くらいのわずかな時間のうちに、脳が判断したのかもしれません。

それでも怒るという選択をしたのはまぎれもない事実です。

それは反対に、「怒らない」という選択肢があるということです。

私は「怒らない」と決めました。

そして、**「怒らない」と決めてから、人生がよい方向に進みはじめました。**

成功の波に乗ることができたといってもいいでしょう。

かつてはKKDマネジメントを行使して、部下たちを恐怖に陥れていた私ですが、28歳のときに独立・起業し、代表取締役社長に就任。

翌年、縁あって知り合った2人の経営者と、業界初のフランチャイズ事業をスタートさせました。そして2004年、創業以来ひとつの目標であった株式上場を果たしました。実質5年で年商52億円の会社に育て上げました。

現在は転身し、かねてよりの夢であった教育事業を行っています。一般社団法人日本リーダーズ学会を設立。世界で活躍するための日本人的グローバルリーダーの育成に取り組んでいます。

こうした成功は、すべて「怒らない」ことからはじまりました。

「怒らない」というと語弊があるかもしれないですが、不要な怒りをなくすようにしたと言ったほうが正しいかもしれません。

人間は感情の動物です。喜怒哀楽という言葉があるように、怒りというのは人間が生きていくうえで非常に大切な感情のひとつです。

ですから、**怒りたければ怒っても構わない**のです。怒りによいも悪いもありません。

怒りの表現・表出の仕方によい悪いがあるだけなのです。

怒ることが悪いのではありません。

怒らない技術の目的は、決して怒ってはダメですよということではありません。怒りの8割は、自己満足のために表出している不要な怒りだと言われています。

まずは、自己満足のために表出してしまっている**8割の不要な怒りをなくしましょう、**ということです。

そして、**2割の必要な怒りを正しく表出させましょう**ということなのです。

「怒らない技術」とは感情をコントロールする技術です。

感情のコントロール＝成果のコントロール、感情のコントロール＝人生のコントロール、と言っても過言ではありません。

感情がコントロールできれば、あなたの人生は確実によくなります。

あなたがどんなきっかけで本書を手にとったとしても、本書を読み終えるころには、きっと「読んでよかった」と感じていただけるでしょう。

2016年3月　一般社団法人日本リーダーズ学会代表理事　嶋津良智

編集協力　Bullet Thinking
ブックデザイン　小口翔平、三森健太、喜來詩織（tobufune）
漫画原作　星井博文
作画・カバーイラスト　アサミネ鈴
制作　トレンド・プロ
DTP　石田毅、山口良二

プロローグ

「怒らない技術」で人生は変わる

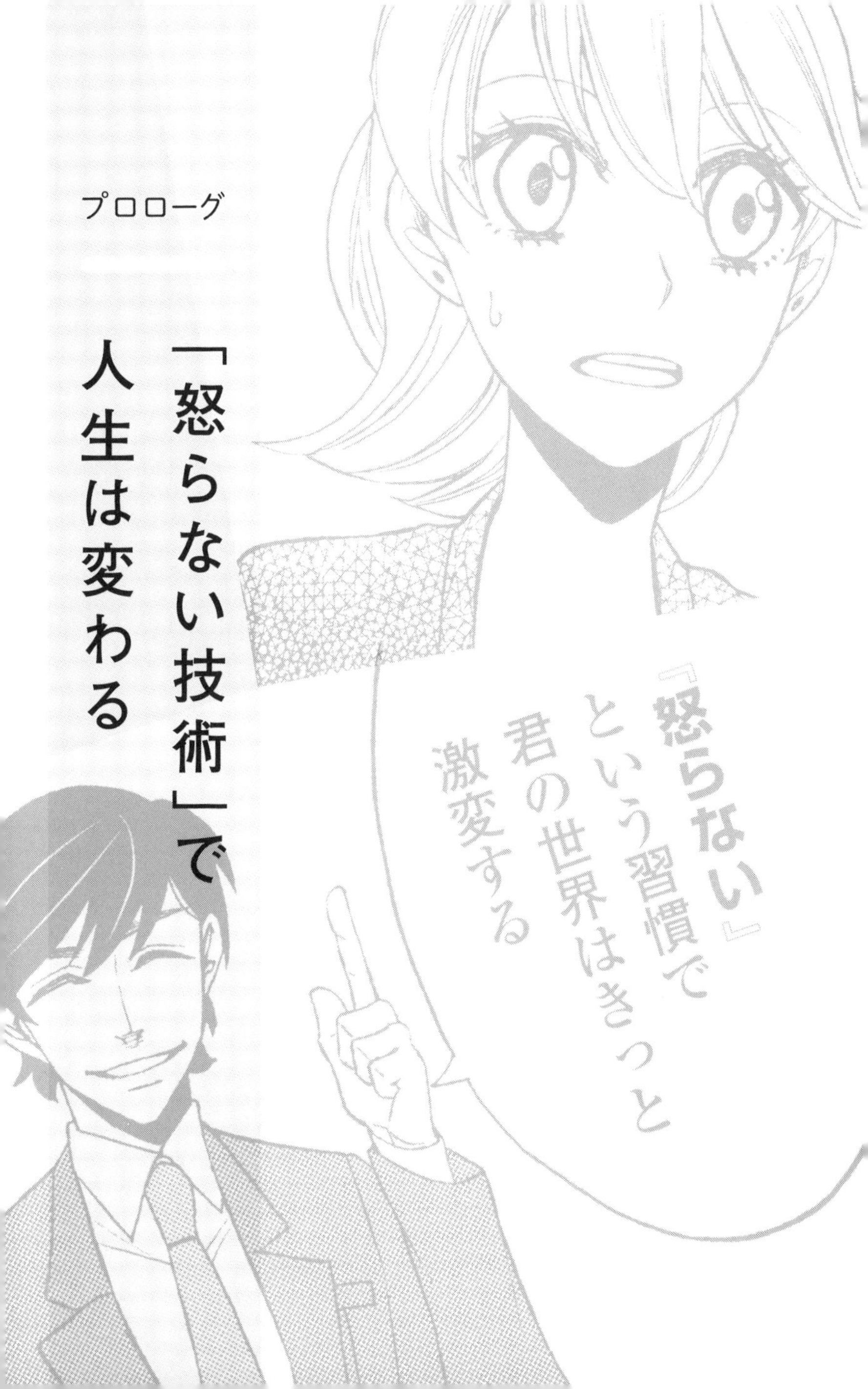
『怒らない』という習慣で君の世界はきっと激変する

オーモリ食品
もう! 信じられない!!
ど… どうしたの?
私が買ったケーキにいちごが乗ってないの!
え… 乗ってるじゃない
ありえないっ
違うのっ ここは二個乗ってるはずなの
オーモリ食品
入社4年目
坂上　千夏
楽しみにしてたのに
もう最悪 許せない
そんなことで怒らないの
坂上 ちょっといいか
あ、課長…

え…
私がチームリーダーですか!?
ああ 今度うちから出す新スイーツの生どら焼きを知っているね
はい もちろんです
開発途中に試食させてもらってとっても美味しかったです
それの発表会イベントを担当してほしいんだ
どうして私なんですか…?
今までにない形で魅力を伝えるには君のスイーツへの情熱が必要だと判断した
光栄です
ホリホリ
ハハハ…情熱なら
それに…
!

入社して4年目だ
そろそろ次のステップに進んでもいい頃だろう
ありがとうございます
頑張ります！
よぉし絶対に成功させてみせる！
数日後
今日から発表会のイベントまでこのチームでやっていくことになりました
リーダーの坂上千夏です

今回がはじめての
リーダーなので
気付いた点が
あれば
どんどん
言ってください
発表会まで時間が
ありませんが
最高の
チームにしたいと
思っています
みんなで協力し合って
頑張りましょう！
そんなに
気合い入れなくても
大丈夫ですよ
発表会っていっても
スイーツイベントのスペースを
間借りしてですよね？
これまで通りやれば
大丈夫でしょ
入社2年目
秋山　隆太
え…

な…
なに この子…
確か入社2年目よね
だめだめ… 私はリーダー 冷静にしなきゃ
ま…まぁ… 確かに そうかもね…
ふあぁ〜
橘さんも どんどん自分の 意見を言ってね
…
が… 頑張ります…
入社3年目
橘 晴香
頼りない わね…
よろしく
山野さん 慣れないこと ばかりですが ご教示お願いします
やだね
はっ
入社13年目
山野 冬彦

ムカーッ
フンッ
それは
俺の仕事
じゃない
このメンバーで
大丈夫…？
イラ
イラ
イラ
フーーッ
いや
こんなところで
くじけてらんない
ぐっ
カタカタカタカタ
秋山くん
イベント会社に
連絡してくれた？
あ…
忘れてました
タタタタタタタ
ピー
バタ
バタ

え…
余裕をもってやっておいてって言ったよね？
けどまだ大丈夫ですよね
この仕事終わったらやっておきます
何言ってんのよ
言われたことはやってください
…
は～い わかりました
カチャ
もしもし日程の件で…
まったく
橘さんは？今日までに見積もりを作っておくようにって言ったわよね
できた？

すみません…
まだ作っています…
まだ終わらないの!?
こんなの1時間もあればできるでしょ?
すみません
すみません
もういいわ
はー
私がやるからかして
すみません山野さん
企画書のチェックをしてもらえませんか?
自信がなくて…
……
ガタッ
あの…

部下たちが
言うこと聞いて
くれないだって？
それを束ねるのが
リーダーの役目だろ
けど…
言い訳するな
…
す…
すみません…
どうして…
言い訳じゃ
ないのに
はあああああ…
どうしたの
暗い顔して

多喜《たき》さんっ
何かあった？
人事部
多喜　幸一郎
なるほど
そんなことが
このままだと
仕事が嫌いに
なりそうです
部下を
思い通りに
動かすコツ
ないですかね？
何を言って
るんだ
そもそも
人を動かそうとすること
自体チャンチャラ
おかしいんだよ
え…

上司というのは部下が自ら動こうとする環境を作ることが大切なんだ
テキパキ
…
け…けど…
こんな話を知っているかい？
アメリカのスーパーマーケットで備え付けのショッピングカートが散乱しているところを見て
スーパーの店員はすごくイライラしていたんだ
SUPER MARKET
CART
なんとか自分で使ったカートを自分で所定の置き場に返すようにならないかってね
そうして思いついたのがお客様が1ドル入れたらカートが使え、所定の置き場に戻したら返金される仕組みさ
1ドル玉
これでイライラすることもなくなった
簡単に言いますけど…そんなのできないですよ
他人は変えられない。でも自分は変えられる
え…

だから、相手を変えようと思うのではなく
望む行動を相手から引き出すために何が出来るかを考えることが大切
まず第一歩として感情のコントロールを心がけてごらん
ス…
感情のコントロール…？
『怒らない』という習慣で君の世界はきっと激変する
お…怒らない…？

POINT

01 変えられるもの、変えられないものを見分けよう

他人は変えられない、自分は変えられる

世の中には変えられるものと変えられないものがあります。

変えられないもののひとつが他人です。

たとえば、千夏さんのようにチームリーダーだからといって、**部下をコントロールすることはできません。**

人事部の多喜さんが千夏さんに、「人を動かそうとすること自体チャンチャラおかしいんだよ」と言っていますが、じつはこの言葉は、私自身があるセミナー講師に言われたも

のです。

私は管理職になったばかりのころ、「どうしたら部下を動かせるだろう？」「部下を動かすコツはないのか？」と頭を悩ませていました。

あるセミナーに出席したとき、講師にその質問を投げかけました。すると講師は半分あきれたような顔をして、こう言いました。

「何を言っているんですか？　そもそも人を動かそうと考えること自体チャンチャラおかしいですよ。上司というのは、部下が自ら動こうとする環境をつくることが大切なんです」

この言葉を聞いた瞬間、私は、金属バットで頭を「ガツン」と殴られたような衝撃を受けました。


他人はコントロールできません。

たとえば、部下の仕事ぶりを見ていてイライラすることがあるでしょう。仕事が遅い、段取りが悪い、などと感じてイライラし

だから、相手を変えようと思うのではなく
望む行動を相手から引き出すために何が出来るかを考えることが大切

てしまう。そのとき、その人の仕事を速くするとか、段取りをよくすることは、たやすくできるものではありません。

でも、**自分をコントロールすることはできます**。これからお話ししていくように、イライラしている自分を変えるのは簡単です。自分の考え方、受け入れ方を変えることで、そのことに対して怒ったり、イライラしたりしないようになります。

怒りのパワーで他人を動かそうとしていた私

かつて私は、怒りによって部下をコントロールしようとしていました。怒ることで部下を動かそうとしていたのです。

毎日、イライラしながら不機嫌な表情で部下をギロリと見回し、何かあれば「ばか野郎！　やる気があるのか！」と叫びまくり、ホワイトボード用のマーカーを投げつけ、怒りを表すために事務所のゴミ箱を蹴《け》っ飛ばしていました。

このように**怒りによって部下をマネジメントしようとする人は多いと思いますが、実際には効果は上がりません**。

私の場合、自部門を全国ナンバーワンにすることはできましたが、それを継続させることはできませんでした。怒りによって部下を無理やりに動かそうとしても、短期的にはうまくいったとしても、長続きはせず、望む結果は得られません。

そこで私は、マネジメントスタイルを変えました。

相手を変えようと思うのではなく、望む行動を相手から引き出すために、何ができるかを考えることが大切なのだと気づいたのです。

自分が黒子《くろこ》になって、部下をバックアップしていくスタイルへとシフトチェンジしたのです。すると部下はイキイキと仕事をはじめ、大きな成果を継続的にあげることができるようになりました。

POINT

02

自分の感情が怒りを生む

イライラした状態で聞くのと冷静に聞くのとではぜんぜん違う

同じことを見たり聞いたりしていても、そのときの感情の違いで、受け止め方はずいぶんと変わってきます。

イライラした状態で聞くのと、冷静に聞くのとでは、ぜんぜん違うのです。

たとえば、千夏さんが発表会イベントに向けた意気込みを語ると、入社2年目の秋山くんからこう言われます。

「そんな気合い入れなくても大丈夫ですよ。発表会っていってもスイーツイベントのスペースを間借りしてですよね。これまでどおりやれば大丈夫でしょ」

こう言われて「何この子……」とイライラしはじめます。そんなとき橘さんの自信のない態度を見てさらにイライラして「頼りない」と感じます。

さらに山野さんに「それは俺の仕事じゃない」と言われて怒りをヒートアップさせます。イライラしているときに仕事を拒否されて余計に「ムカー」となったのです。もし**イライラしていなかったら、別の対応ができた**のではないでしょうか。

別の日には、秋山くんがイベント会社に連絡していなかったと知ってイライラしていると、橘さんが見積もりを仕上げていなかったことを知り、怒りを爆発させてしまいます。

「まだ終わらないの!? こんな

の1時間もあればできるでしょ？　もういいわ、私がやるから貸して！」

秋山くんの件でイライラしていなかったら、橘さんに対してここまできつい言葉を発したでしょうか。

もし、心がゆったりとしているときなら、

「見積もりの件で、どこかわからないところがある？」

と落ち着いて対応できたかもしれません。

あなたのところに、部下が仕事の疑問点を相談しにきたとします。

そのときイライラしていたら、「こんなの、こうやれば、すぐ処理できるだろ！」などと乱暴に対応してしまうかもしれません。

自分の個人的な感情を、たまたま相談にやってきた部下にぶつけているのです。部下は被害者です。なぜ、「ここまで言われなくちゃならないのか」と不満に思うでしょう。

同じように相談されても、心に余裕があるときなら、「なるほど。きみはどう思う？」と、部下を教育しようという気持ちをもちながら相談にのることもできます。

イライラしていると、物事をネガティブに受け取りやすい

遭遇している出来事は同じでも、そのときの気分によって受け取り方は大きく変わります。さらりと受け流せることもあれば、イライラしたり、ときにはプツリと切れて怒りだしてしまうこともあります。

たとえば、町を歩いていて誰かと肩がぶつかったとしましょう。

そのとき上司から怒られた直後だったら、大声で「ふざけんな。どこを見て歩いてるんだ！」と怒鳴ってしまうかもしれません。

もし好きな異性とはじめてのデートの約束をとりつけた直後なら「すいません。大丈夫でしたか？」と相手を気遣うかもしれません。

怒りの原因はすべて自分のなかにあるのです。

POINT

03 怒りをコントロールするメリット

上手な伝え方に必要な4つのポイント

千夏さんはチームをうまくまとめられず上司から叱《しか》られてしまいます。きっと「部下のせいだ」と思っていることでしょう。

誰しもいやなことが起きたとき、つい他人のせいにしてしまうものです。でもじつは、**すべて自分の責任**なのです。たとえば、車両事故のために電車が遅れて、そのせいで待ち合わせの時間に遅れてしまった。それは誰の責任でしょう。鉄道会社の責任でしょうか？

確かに、車両事故を起こした責任は鉄道会社にありますが、その電車が遅れないと思い込んで、乗車したのはあなたです。つまり、遅刻をした責任はあなたにもあります。

問題が発生すると、いつも他人のせいにする人が、あなたのまわりにもいるでしょう。

その人は、文句を言うばかりで、結局問題は何ひとつ解決していません。**起こっている問題に対して、「原因をつくったのは私ではありません」と主張しているだけで、事態を前に進めようという発想で発言や行動をしていない**のです。

今まで失っていた成果、人間関係、時間、お金、健康が戻ってくる

責任を他人に求めるのは簡単です。ですが**他者に責任を求めても、問題は解決しない**のです。私は「怒り」という感情のコントロールの方法を覚え、人生が大きく変わりました。

目をつりあげてイライラしていたのが、**笑顔で人を受け入れるような雰囲気に変わったことで、人や情報が集まるようになりました。**

ほんの少し怒りをコントロールするだけで人生は劇的に変わります。**今まで失ってきた成果、人間関係、時間、お金、健康があなたのもとに戻ってきます。**怒りをコントロールするのは簡単です。毎日怒鳴りまくっていた私が仏と呼ばれるようになったのですから（笑）。

多喜幸一郎の ちょっとブレイク

1杯目

怒りをコントロールできると他人から評価される

日本アンガーマネジメント協会は、2015年に注目された“怒り”に関する話題へのアンケート調査を実施し、第1回「アンガーマネジメント大賞2015」を決定しました。（調査対象は、20歳〜59歳までの全国の一般人男女約400人と、アンガーマネジメントの公認講師200人）

上手に怒りの感情をコントロール・対応した有名人

1位　三浦知良氏（プロサッカー選手）
2位　大塚久美子氏（大塚家具代表取締役社長）
3位　GACKT氏（アーティスト）

そのほかに、ラグビーワールドカップ日本代表、浅田真央氏（プロフィギュアスケート選手）、松岡修造氏（元プロテニス選手、タレント）、安倍晋三氏（内閣総理大臣）など。

三浦選手は、野球評論家の張本勲氏がテレビ番組で、「若い選手に席を譲ってやらないと」と引退を促すようなコメントをした際に、「『これなら引退しなくていいって、オレに言わせてみろ』ってことだと思う。激励だと思って、これからもがんばります」と話し、穏やかに対応をしたことが評価の対象となりました。感情をコントロールして対応し、怒りの感情を連鎖させなかった点が高評価の理由です。

怒りの感情をコントロールできずに 失敗してしまったと思う有名人

1位　元大韓航空副社長 チョ・ヒョナ氏
2位　大塚勝久氏（元大塚家具会長）
3位　森喜朗氏（元内閣総理大臣）

そのほかに、橋下徹氏（元大阪市長）、佐野研二郎氏（デザイナー）、熊切あさ美氏（タレント）、上西小百合氏（衆議院議員）。

後輩は先輩の言うことを聞くもの、という固定観念が千夏の怒りのもと。

1位となったのは通称「ナッツ姫」のチョ・ヒョナ氏。大韓航空機内で客室乗務員のナッツの出し方に怒り、旅客機を搭乗ゲートに引き返させました。「機内サービスはこうあるべき」という同氏の強い固定観念が怒りの感情を呼び、大事を引き起こしたのでしょう。

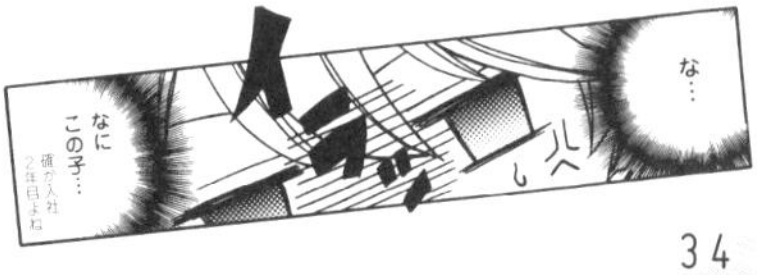

第1話

「怒るか」「怒らないか」を決めているのは自分自身

ザァァァァァ
オーモリ食
雨の日は
お父さんの言葉を
思い出すな…
ザァァァァ…
雨じゃん
会社に
行きたくない
なぁ～
新入社員が
生意気な
ことを言うな
雨の日こそ
チャンスだと
思いなさい
チャンス？

雨の日の営業マンを想像してみて
雨が降って面倒だなぁ
今日はデスクワークでいいかな
こう考えて外回りをしない営業マンは多い
けどできる営業マンはこう考える
お客様の外出が減るから雨の日は面会のチャンスだ!
ヒャッホーー
しかも悪天候の中お客様のところに行けば好感ももたれやすいぞ
なるほど
同じ物事でも受け取り方や考え方で人生は大きく変わるんだ
私頑張る!
行ってきます!
ビュンッ
って言われてすごく納得してこれまで頑張ってきたけど…
うわぁ朝から雨って最悪だよ
見てくださいビッショビショ
こんな日はなにもしないで宇治茶でも飲んでるのが一番だ

そんなこと言ってたらまた怒られちゃいますよ
あははは…
怒られる筋合いはない
イライライラ
こんなダメな部下たちを背負わされるハメになるなんて…
ズッ
ビシッ
ってこら本当に宇治茶飲んでるんじゃないの！
仕事中だぞっ
ガツッ
…
…
よく食べるわね
ケーキは裏切らないからね

相当ストレスがたまってるみたいね
あんた太ったんじゃない
えっ…
ドキッ
なんだか最近怒ってばかりだもんね
糖分も増えるわよね
そういえば多喜さんに怒るのをやめろとか言われてなかったっけ
言われた
望む行動を相手から引き出すために何が出来るかを考えることが大切
けど怒らないでいられる？
え…
秋山くんは学生気分が抜けてないし
橘さんは仕事はちゃんとするんだけど慎重すぎて亀より遅いし
さらに山野さんはプライドばかり高くて何を頼んでも理由をつけて断ってくるのよ…
ぶっちゃけイヤッす
カタ…カタ…
NO!
ガツ
ガツ
それは地獄だね

オーモリ食品
やばいなぁ スケジュール 遅れがちだ
モグモグ
カチャカチャ
あれぇ 千夏ちゃん またお菓子 食べてるん ですかぁ？
よくそんなに 甘いものばっかり 食べれますねぇ
なにっ
千夏ちゃんって言うな
誰のせいで 摂取量が増えていると 思ってんのよ
言うことなすこと いちいち ムカつくわね
俺は甘いもの 苦手なんですよねぇ
はぁあああああ？ 甘いもの苦手なのに よくこの会社に 入ったわね
いつの間にか 大人になって しまったのか
胸やけ するん ですよね
そんな人に スイーツの 素晴らしさなんて わかるはずがない
なに？ 何か用？
いそがしいんだけど

企画書ができました
確認してください
スッ
生どら焼き販売イベント企画書
お
早いわね
どうですか?
やればできるでしょ
千夏ちゃんは焦りすぎなんですよ
イラッ
はじめてのリーダーだからってそんなに気を張らなくても
どんどん僕に頼ってくれていいんだよ
だめ
やり直し
はぁ!?
どういうことですかっ
ちゃんと出来てるでしょ?
書式もバラバラだし
全体的に曖昧
それに予算を無視し過ぎよ
最悪ね

じゃあどう
書けって
言うんですか！
ギィ
そんなこと
自分で考えなさい
なんだよそれ
スッ
あんた
リーダー
でしょう
ちゃんと指示しなきゃ
意味がないだろ
冬彦さん！
だったら山野さんが
教えてあげれば
いいでしょ
わたし
忙しいんです
何だその
言い方は！
なんですか
ピリ ピリ…
橘さん
どこいくのっ

ちょっと気分が…
すみません…
ごめんなさい…
ブルワァン
せっかく早くあげてきてくれたのにどうしてあんなこと言っちゃったんだろう
ハア…
私が悪いわよね
だめだめ…このままの関係が続くと本当に大変なことになっちゃう
ぐっ

翌日
カチャ
なんとかしなきゃ!
お…おはよう
空気が重い…
坂上ちょっと来い
は…はい…
地獄に仏
テテテテテテテ
ホッ

なにをしているんだ
お前はっ
ビクッ
イベントまで時間がないってわかってるだろ
まだほとんど進んでないじゃないか
すみません…
これ以上遅れるようならリーダーを変えるからな
はい…
cafeteria
大好きなケーキだろ？食べないのか？

多喜さん
やっとみつけた
聞いたよ
なんだかうまくいってないようだね
怒らない習慣がなじまなかったかな？
バッ
怒りたくて怒ってるんじゃありません
彼らが私を怒らせてるんです
私は悪くありません
…
そうかな
え…

怒るか
怒らないかを
決めているのは
君自身だろ？
目の前の出来事は
何の意味も
ないからね
はぁ…
どういうこと
ですか？
たとえば
遅刻してきて
上司に
怒鳴られたとする
ばか野郎
何時だと
思っているんだ
そのとき
君なら
どう思う？
私ですか？

自分が遅刻したんだから当たり前だと思います
なるほど
けど ほかに…
そこまで言うことないじゃないか
ガミガミ
と憤る人もいるんじゃないかな
はぁ そりゃいると思います
もしくは
うるさい余計なお世話だッ
と怒る人もいれば
…
自分のために言ってくれてありがたいって思う人もいる
じーん
僕のためにこんなに言ってくれるなんて…
同じ出来事でも捉え方によって全く違うだろ
!
雨の日こそチャンスだと思いなさい
同じ物事でも受け取り方や考え方で人生は大きく変わるんだ
お父さんも同じことを言っていた
人の心を左右するのは出来事じゃなくて
受け取り方なんだ

今の君は
部下を敵視し
なにを言われても
感情的に受け止めて
しまうんじゃないか？
ドキーン
平常心でなく
イライラ状態で
怒鳴ってしまう
ようなら
その部下は
被害者だ
…
そうかも
しれません…
けど…今の私に
心の余裕なんて…
だったら自分を
客観的に見て
みてはどうかな
客観的に
？
そんなこと
できるんですか？
ガサ
ガサッ
怒りの記録を
つけてみるんだよ
■怒った日時
■怒った場所
■きっかけとなった出来事
■言動
■してほしかったこと

怒りの記録？…
だから何度言ったらわかるの？
今のままじゃ間に合わないんだって
データの打ち込みくらいで何日かかってるのよ
出来ないなら言ってよね他の人に任せるからっ
ハッ
言いすぎた
す…すみません…
ひーん
ひっく ひっく
と…とにかく急いでね
またやってしまった
カサ…
怒りの記録書かなきゃ…
怒りの記録ってなんですか？

怒ったことを紙に書くんだよ
■怒った日時
■怒った場所
■きっかけとなった出来事
■言動
■してほしかったこと
■結果
■その時の自分の感情
■怒りの強さ
怒らないと決めてもイライラや怒りは自然と湧き出てくるものだ
だから自分はこういう場面で怒りやすいというパターンを知れば回避することができるだろう?
■きっかけとなった出来事
■言動
■してほしかったこと
なるほど…

定期的に見直し、自分がどれくらいの頻度で怒っているのか
なぜコピー用紙がないんだ
前もって注文しとこー！
ドーン
どういう状況がきっかけでイライラしているのか、それを知れば対策や回避方法をとることができる
レコーディングダイエットみたいですね
仕組みは同じだよ
怒りの記録はイライラや怒りを未然に防ぐ秘密兵器なんだよ
本当にこれが秘密兵器になるのかな…？
けど…
今の状況を打開するには多喜さんを信じて怒りの記録をつけるしかない…
■してほしかったこと
■結果
カリカリカリカリッ
カリカリカリカリ

数日後
すごい量…
どっさり
私…こんなに怒ってたんだ…
客観的に自分を見る…か…
■怒った日時
○月×日
■怒った場所
デスクスペース
■きっかけとなった出来事
取引先への連絡
■言動
不在の言伝をお願いしたのに返事が来ない
■してほしかったこと
ちゃんと返事の電話が欲しかった
なにこれ…
くしゃ…

■怒った場所
デスクスペース
■きっかけとなった出来事
■怒った日時
■怒った場所
■きっかけとなった出
■言動
■してほしかったこと
普段なら
怒るほどのことじゃ
ないのに
酷く怒ってる…
■言動
■してほしか
■結果
■その時の
た出来事
ったこと
みんなに
申し訳ない
リーダー
失格よ
オーモリ食品
ズーン
どうしたんですかね
いつもの元気が
全然ないんだけど
どうせ
わるいものでも

俺ちょっと ちゃちゃ 入れてきますね
くくくっ
前に出してダメだった 基本計画案を そのまま出したら どんな反応するかな
これ お願いします
うん…
この企画書 前に出してきたまま じゃない…
また 悪ふざけ して…
イラッ
怒るか怒らないかを 決めているのは 君自身だろ?
目の前の出来事は 何の意味も ないからね
同じ物事でも 受け取り方や考え方で 人生は大きく 変わるんだ
ふー
あぶない あぶない
これじゃ 全然ダメ
ちぇ
反応薄いな…
はぁい
一緒にやろうか
え…

一緒に考えた方が
いいアイデアが
出るはずだよ
は…はい

へぇ
怒らないでいられたんだ
やったね
みんな驚いてましたよ
その後の仕事もスムーズに進みました
お礼です 食べて下さい
こんなにホールも
よかったね
私、決めました
今日から怒らない人間になりますっ!
きゃあ! またいちごが一個しか乗ってない!
あっ
ちょっと店員さぁん!
ははっ
さっそく怒ってるし…

POINT

04 目の前の出来事には何の意味もない

「雨が降っている」という事実をどう感じるか

千夏さんのお父さんの言葉はとても印象的です。

雨の日、ある営業マンはこう考えました。

「雨が降って面倒だな。今日はデスクワークでいいかな」

別の営業マンはこう考えました。

「お客様の外出が減るから雨の日は面会のチャンスだ！　しかも悪天候のなか、お客様のところに行けば好感ももたれやすいぞ」

第1話 「怒るか」「怒らないか」を決めているのは自分自身

雨が降っているという事実は同じです。それを違った視点から見ると、別のものが見えてくるのです。

こんな話もあります。靴を扱っているふたりの営業マンがいました。

ふたりは、会社に命じられて、まったく靴を履く習慣のなかったアフリカのある村にやってきました。

ひとり目の営業マンは、現地の人が靴を履いていないのを見て、

「こんな場所で靴が売れる訳がないだろう。こんなところに出張させるなんて、会社はいったい何を考えているんだ！」

雨の日の営業マンを想像してみて

今日はデスクワークでいいかな

雨が降って面倒だなぁ

こう考えて外回りをしない営業マンは多い

けどできる営業マンはこう考える

お客様の外出が減るから雨の日は面会のチャンスだー

しかも悪天候の中お客様のところに行けば好感ももたれやすいぞ

なるほど

と、怒りまくって帰ってしまいました。

ところがふたり目の営業マンは、

「オレはすごいマーケットを発見した。これは爆発的に売れるぞ！」

と喜び、本社から数百足の靴を送ってもらいました。靴は飛ぶように売れました。

結局、**靴を履いていない人たちを見たときに、それをどう捉えたかの違いが成果を大きく変えたのです。**

怒らされたのではなく自分で怒った

千夏さんは「怒りたくて怒ってるんじゃありません。彼らが私を怒らせてるんです。私は悪くありません」と言っています。

千夏さんのように「怒らされた」と感じる人は多いでしょう。

でも、誰かの行動のせいで「怒らされた」ということは、責任がその誰かにあるということです。

でも、怒っているのは自分自身です。あなたが「怒らされた」と感じている相手の言動は、感情を引き起こすきっかけにすぎません。

目の前の出来事には何の意味もないのです。その出来事に対して意味をつけ、怒るか怒らないかを決めるのはあなた自身です。

たとえば、遅刻したときに上司がいきなり「ばか野郎」と怒鳴ったとしましょう。

このことに対して、「そこまで言うことないじゃないか」と怒ることもできますし、「自分が遅刻したんだから当たり前だ」と思うこともできます。

誰かの苦言に対して、「うるさい、余計なお世話だ」と怒る人もいれば、「自分のために言ってくれて、ありがたい」と思う人もいます。

あなたの許可なくして誰もあなたを怒らせることはできないのです。

人の心を左右するのは、出来事ではなく受け取り方です。だから逆に言えば、どういう感情をもつかは本人の意思によって変えられるはずです。

受け取り方次第で悪い出来事がよい出来事に

このように、同じ出来事でも「受け取り方」「考え方」の違いで結果は大きく変わります。

それが人生のおもしろいところです。

心や感情をコントロールできれば、人生はコントロールできます。

受け取り方、考え方を変えれば、過去だって変えることができます。

あなたは「過去なんて変えられるわけないじゃないか」と思うかもしれません。

でも、少し考えてください。

もしも、あなたが失恋したとしても、

「あの人と別れなければ、人生が変わっていたのに」

と、思うか、

「別れてよかった。もっといい人に出会ってよい人生になるだろう」

と、思えるかで、人生はぜんぜん違ったものになります。

「受け取り方」「考え方」を変えれば、「悪い出来事」も「よい出来事」に変わります。

POINT

05

「怒るか」「怒らないか」を決めているのはあなた自身

怒らないという選択肢があったはず

千夏さんは部下の毎日の行動にイライラしてばかりです。

「秋山くんは学生気分が抜けてない!」

「橘さんは仕事が慎重すぎて亀より遅い!」

「山野さんはプライドばかり高くて何を頼んでも理由をつけて断ってくる!」

こんなふうにイライラしたり、腹が立ったり、むかついたり…。あなたにも似た経験があるかもしれません。

でも、そこに「怒らない」という選択肢はなかったのでしょうか？

これまで怒ってしまった場面を思い出してください。

考えてみると、すべての場面に、「怒る」という選択肢と、「怒らない」という選択肢があったはずです。

そして、**自分で「怒る」ことを選んだために、怒った**のです。

それは一瞬の判断だったかもしれません。0・0001秒くらいのわずかな時間のうちに、脳が判断したのかもしれません。

それでも、あなたが怒ることを選んだのはまぎれもない事実なのです。

まずは怒らないと決める

私は怒らないと決めています。何があっても怒らないと決めています。

ごくまれに必要に応じて怒ることはありますが、そのときは、「この場面は怒るべきか、それとも怒らないべきか」と考えたうえで、怒ることを選んで怒ります。衝動的に「かっとなる」ことは一切ありません。

イライラや怒りをコントロールすると、人生や仕事で成果を上げ、穏やかで豊かな人生を歩むことができます。

なぜ怒らないだけで、そんなことが起きるのでしょうか。

そこには**「成果決定のプロセス」**が大きく関係しています。

成果が上がるまでのプロセスは、

気分（状態）→出来事→考え方（受け取り方）→意思決定→行動→成果

という流れになります。

すべての根源は、そのときの気分からはじまっているのです。

気分がいいと、起きた出来事をプラスに受け取ります。その状態でプラスの意思決定をして、プラスの行動を起こし、プラスの成果につながります。

ところが気分が悪いと、起きた出来事をマイナスに受け取ります。その状態でマイナスの意思決定をして、マイナスの行動を起こし、マイナスの成果につながります。

つまり**気分がプラスだとプラスの連鎖が起こり、最終的な成果もプラス**になりますが、

気分がマイナスだとマイナスの連鎖が起こり、最終的な成果もマイナスになります。**怒りは当然マイナスの連鎖を起こします**。ですから怒らないほうが、仕事や人生の成果も上がっていくのです。

ひとつひとつの意思決定は小さなことかもしれません。

ですが気分よく、いい意思決定を繰り返していった人と、イライラしながら悪い意思決定を繰り返していった人では、大きな差になって表れるということです。

怒らないと決めるとその日から効果を感じる

何があっても怒らないと決める。スタートは、すべてはここからです。

朝起きた瞬間、**「絶対に今日は1日、どんなことがあっても怒らない」**と決めます。

そこで何が起きるのかということを感じてみてください。「怒らないとこんないいことがあるんだ」とか、「まわりにこんないいことがあるんだ」ということがわかります。

実践してみると「怒らないと決める」というスローガンを掲げるだけで、怒りっぽい性格はかなり改善します。「怒らない」という選択肢があることを意識するだけで、格段にイライラの回数が減ります。

ひとりがイライラしなくなると周囲もイライラしなくなる

さらに、自分が怒らなくなると、職場や家族のイライラも少なくなります。

イライラは周囲に伝わるという性質をもっているからです。

たとえば、あなたがイライラすると恋人、配偶者、家族がイライラするようになります。職場でもそうです。ひとりイライラしている人がいるだけで、オフィスの空気はギスギスします。だから上司が同僚を怒るのがいやだという人は多いのです。怒りの空気が職場に広がり、仕事が手につかなくなるのです。橘さんがイライラした空気を嫌って、離席するのはこのためです。

反対に、ひとりが怒らないことで、周囲によい影響が広がることがあります。

あなたがイライラしなくなると、まわりの人もイライラしなくなります。

ピリ ピリ…
コソ…
橘さん どこいくのっ
ビクッ
ちょっと気分が…
すみません…

POINT

06 人の責任にすることをやめる

他者に責任を求めない

イライラや怒りは人と人とのコミュニケーションから発生します。コミュニケーションの方法を変えてみましょう。

具体的には**人の責任にすることを止めます**。問題が発生したときに不平不満を言うだけでは、問題はひとつも解決しません。責任を他人に求めるのは簡単です。ですが**他者に責任を求めても、問題は解決しない**のです。

私は何かあったら、「ちょっと待てよ。相手が悪いのではなく、**自分にできることはなかったかな**」という呪文《じゅもん》を投げかけます。

たとえば、千夏さんは秋山くんの提出した企画書が不出来だったために、

「ダメ。やり直し！　書式もバラバラだし全体的に曖昧《あいまい》。それに予算を無視しすぎよ。最悪ね」

と、怒っています。その結果、秋山くんも怒ります。こういうときに、

「ちょっと待てよ。部下の企画書が悪いのではなく、悪い企画書をつくらせた自分が悪いんじゃないか。自分にできることはなかったかな」

と、いつも考えるようにするとよいのです。そうすることで千夏さんは、

「これじゃ全然ダメ。一緒にやろうか。一緒に考えたほうがいいアイデアが出るはずだよ」

と、秋山くんに怒らずに接することができるようになっています。

イライラの芽が出ないように

感情コントロールの基本はすべて自己責任と考えること。

いやなことが起きたとき、ついつい他人のせいにしてしまうでしょう。でもじつは、すべて自分の責任なのです。人の責任にすることをやめて、「ちょっと待てよ。相手が悪いのではなく、自分にできることはなかったかな」という発想をもっていると、イライラの芽が発芽しにくくなります。

> 一緒に考えた方がいいアイデアが出るはずだよ

は…はい

POINT

07 アンガーログをとる

自分の怒りのパターンを知る

怒ってしまう体質を改善していくとき、有力な武器となるのが、**「アンガーログ」（怒りの記録）**です。いつ、どこで、どんなときに、どのくらい怒ったかを記録していくと、自分の怒りの傾向がわかり、イライラや怒りを少なくしていくことができます。

食事を記録することで痩《や》せていく「レコーディングダイエット」という方法がありますが、同じように、怒りやイライラを記録することで、怒りやイライラのダイエットをすることができるのです。

怒らないと決めていても、イライラや怒りは自然とわき出てきます。ですが、**「自分はこういう場面で怒りやすい」というパターンがわかれば、それを回避することも可能**になります。

では、どのように怒りのパターンを知ったらいいでしょうか。

それはノートや日記、メモなどを使って「アンガーログ」（怒りの記録）をとるのです。

特別にノートをつくってもいいですし、すでに書いている日記、使用中の手帳などに、アンガーログをつけてもよいでしょう。

アンガーログには次のことを記します。

- 怒った日時
- 怒った場所
- きっかけとなった出来事
- 言動

・してほしかったこと
・結果
・そのときの自分の感情
・怒りの強さ

です。すると自分の怒りのパターンがわかってきます。どのような時間に、どんなことをしているときにイライラしやすい、怒りやすいとわかってきます。

たとえば千夏さんであれば、

・怒った日時／○月○日午後
・怒った場所／会社
・きっかけとなった出来事／秋山くんの企画書が不出来。書式がバラバラ、全体的に曖昧、予算を無視

- 言動／「やり直し」「最悪ね」と言い放つ
- してほしかったこと／きちんとした企画書を上げてきてほしかった
- 結果／秋山くんが逆ギレ
- そのときの自分の感情／あとになって正しい言動だったのか悩む、罪悪感
- 怒りの強さ／中程度の怒り

などと書きます。

これを書きためておいて、定期的に見返します。

すると自分がどのくらいの頻度で怒っているか、どういう状況でイライラしやすいかがわかります。**自分を一歩離れたところから客観的に見ることができます。**

自然と「どうすれば怒らなかったか」「イライラを減らすにはどうしたらいいか」が頭に浮かぶようになります。

アンガーログに記録された怒りやイライラのひとつひとつに対策や回避方法を考えていくと、自然とイライラや怒りは減ります。

しばらくすると、書くだけで意識改革が図られ、イライラや怒りが消えていくようになるでしょう。

これは「レコーディングダイエット」と同じしくみです。毎日食べる食物とそのカロリーを記録することで、食事内容、間食などを自覚し、意識改善につなげるのです。

アンガーログはイライラや怒りを未然に防ぐ、秘密兵器なのです。つけはじめて少したつと着実にイライラや怒りは減っていきます。

アンガーログは体質改善がうまくいっていることを示すものになるでしょう。

普段なら
怒るほどのことじゃ
ないのに
酷く怒ってる…

原因がわかったら対策を考える

アンガーログをとった結果、イライラや怒りの原因がわかり、対策や回避方法を考えていった例を紹介したいと思います。

Aさんはいつもイライラしています。そこでアンガーログをとってみると、仕事を頼まれたときにイライラが強まることがわかりました。Aさんは面倒くさい仕事があると、「すぐやらなければいけない」と頭ではわかっていながらも、先送りにしてしまいます。

それでも忘れてしまうわけではないのです。「やらなくちゃ」といつも頭の片隅にひっかかっています。それが溜まってくると、「あれもやらなくちゃ、これもやらなくちゃ」と追い込まれ、慢性的にイライラするようになるのです。

そこで、「面倒くさい」と感じた仕事を実行に移す日をスケジュールに入れるようにしました。仕事を依頼されたら、その場で、「〇日の午前中にやる」と手帳に書き込みます。

不思議なことに、「この件についてはこの日にやる」と思えるだけで、イライラが収まっていったそうです。

多喜幸一郎の
ちょっとブレイク

2杯目

グチはグチを呼び、笑顔は笑顔を呼ぶ

笑顔が笑顔を呼ぶように、グチはグチを呼びます。

グチばかり言っている人のまわりには、グチを言うような事件が起きやすい。知らないうちに引きつけてしまうのだと思います。

居酒屋でサラリーマンらしい男性ふたりが、上司の悪口を言いまくっています。

「あいつのせいで仕事がぜんぜん進まないよ。ほんと頭くるよな」

「あれじゃあ、みんなやる気なくすって」

グチや不満を言うことは、ときにイライラの解消策として有効です。

ですが、それが日常的になってしまい、飲めば必ず上司の悪口では、組織の雰囲気は悪くなります。上司の悪口に時間を費やしたりしていると、成長がないだけでなく、自分のマインドがどんどん下がります。そして、組織のマインドも下がっていきます。

また、人をけなす人に合わせて誰かをけなすと、その人は必ず、「あなたが○○さんをけなしていた」と他人に言うでしょう。人をけなして何か得られるでしょうか。

自分の気持ちがマイナスにふれているときは、マイナスの考えの人に共鳴してしまい、グチっぽくなるので注意が必要です。たとえば会社の業績が悪くなると、マイナス思考の人が増えて、そこで価値観を共有することがあります。そういうときは自分よりマインドの高い人とつきあうことです。その人に影響され、自分のマインドも上がります。


物語の中で千夏は同期の女の子たちに自分の境遇を嘆き、共感してもらうことで気持ちを落ち着かせています。息抜きは大事ですが、グチを肯定してもらうばかりでは問題は解決しません。耳の痛くなるようなことでも、自分のためを思って建設的な意見を言ってくれる人の存在を大切にしましょう。

第2話 「第一感情」と「価値観の眼鏡」が怒らない技術のカギ

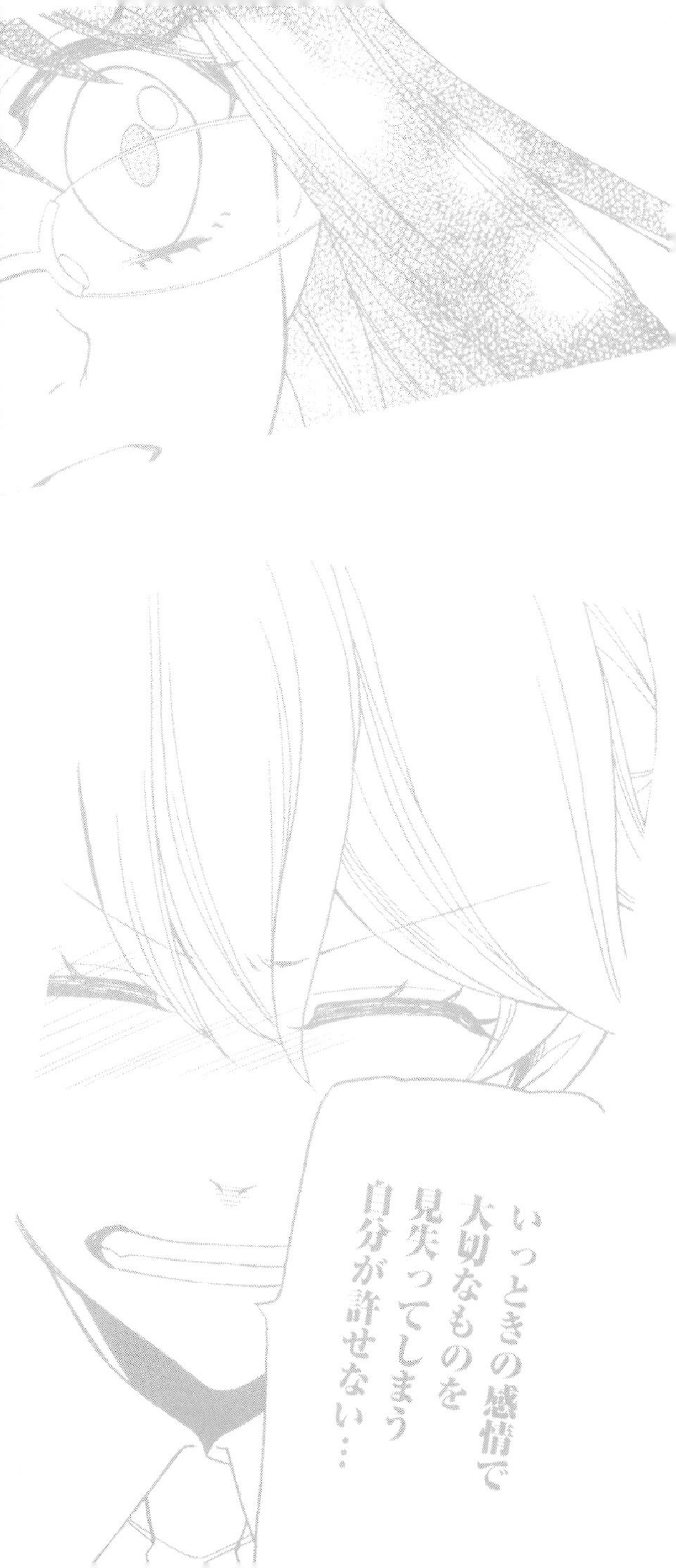
いっときの感情で
大切なものを
見失ってしまう
自分が許せない…

橘さん
そろそろ
できた？
オーモリ食品
すみません
まだ終わっていません
まだって…
プルプルプル
急いでね
どう？
ヒョイ
すみません
まだです
できてません
…
ごめん
なさい…
ちょっと!
いい加減にしてよっ!!
ビクッ

お給料もらって いるんでしょ？
ちゃんと それに見合った 仕事しなさいよ
このままだと 本当に給料泥棒よ！
ブワァァ
すみません すぐにやりますぅぅ
イライライライラ
ニコニコ
って言えたら どれだけ すっきりするか
そっか まだかぁ
ドキ ドキ
落ち着け 落ち着け
第一感情…
第一感情は どこだ…
第一感情？
第一感情って なんですか？

怒りは第二感情といって
その背景に第一感情があるんだ
第二感情
怒
第一感情
苦痛
寂しさ
弱さ
絶望
不安
ストレス
痛み
悲しみ
心配
わかりやすく言えば、大切な娘が夜中に帰ってきて怒鳴ってしまう父親がいるでしょ
ガチャ
ただいま
何時だと思ってるんだ！
私もよく怒鳴られました
そうなの…
けど父親は怒りたかったから怒鳴ったんじゃない
心配していたからこそ怒鳴ってしまった
このときの『心配』という感情こそが第一感情なんだ
そわ
心配
そわ
第一感情がみつかればそれを素直に伝えればいい
お父さんはお前に何かあったんじゃないかとすごく心配したよ
これならイライラしても怒らなくて済むだろ

私の第一感情は…
『不安』
橘さん
ぐっ
ビクッ
私は今回はじめてのリーダーだから無事イベントが終わるか…
とても不安なの
え…
だからチームの一員として一緒に不安を取り除いてほしいの
キュ
お願い協力して
がんばります…
キュ

じゃあ
よろしくね…
ふぅ…
よかった
怒らずに済んだ
冷静になって
第一感情を
探すのって
結構大変だわ…
千夏さん
いいっすね
しびれました♪
見てましたよ♪
お願い
協力して
俺も
言われたいっす
千夏ちゃんの
笑顔見たいっす
ほら
ニコッて!
…
怒らなく
なってから急に
なついてきたな
こいつ…
誰もが
あんたくらい
単純だったら
どれだけ楽か…
ビミョ…
俺も一緒に
不安を取り除い
ちゃいますよ
おーい
聞いてますー?
スタスタスタ

千夏さん こんなアイデアは どうですか
千夏さん SNS拡散したら いい反応が得られました
とはいえ 秋山君… 意外と使える
楽ちん 楽ちん
いいぞ
その調子だ
ステージで商品の発表をするときに特大パネルが必要なんだけどお願いできる？
とにかく目立つ奴ね！
了解っす！
これで自分の仕事に専念できる♡
あ
秋山君は忙しいし…
山野さんは言っても無駄だし…
いつも頼んでるところだから大丈夫よね…
やっと商品企画部から詳細が届いた
すぐにイベントで使うポスターとパンフレットを発注しないと
□イベントの詳細
From:商品企画部
□送信トレイ
□送信済みアイテム
□ごみ箱
□下書き
□送信メール
橘さん 誠意印刷への発注頼めるかな
は… はい…
いつもより急ぎだけど月末までに必要って伝えてね

月末――
オーモリ食品
ガタッ
え？まだできてないんですか!?
今回は急ぎだってお伝えしているはずですが…
えっ そうなの？聞いてないですよ
聞いてないですって
そんな…バカな…
とにかく急いで作ってください
急いでって言われてもね…急に言われても困るんですよ！
ガチャ
ツー
ツー
ツー…
千夏ちゃん
橘さん

パンフレットとポスターまだ出来てないの
誠意印刷さんに早めに作るように伝えてって言ったよね？
ポスターやパンフレットがイベントにとってどれだけ大切なのかわかってるでしょ
早めに印刷してもらわないともしなにか不備があった場合対応できないでしょ
ボソ
ボソ
え？なんて？
ちゃんと伝えました…
だったらどうしてまだできてないの？
ビクッ

誠意印刷さんは聞いてないって言ったわよ
ちゃんと伝えていればこんなことにならないでしょ！
け…けど…本当に…
もし間に合わなかったらイベントが台無しよ
責任とれるのっ？
一緒にチームの一員として不安を取り除いてほしいの
お願い協力して
お願いだから足を引っ張らないで！

す…
すみませんでした
千夏ちゃん
俺…
今日の千夏ちゃん嫌いです

コンコン
ちょっと
いいかな？
多喜さん…
少し
話ししようか
ごめんね
Cafe
橘さんに
嘘つかれて…
我慢できません
でした
…

本当に橘さんが急ぐように伝えていないって言いきれる?
え…
誠意印刷とうちは長年の付き合いがあります
嘘をつくわけないじゃないですか
スッ
そうかな? それは**価値観の眼鏡**をかけていない?
価値観の眼鏡?
目の前の出来事には何の意味もないって言ったよね
人は誰しも『価値観』という独自の眼鏡を通して出来事を見ている
は…はい
イライラする原因の多くは価値観の眼鏡を通して見ているからなんだ

神経質な人は
無神経な人に
イライラする
せっかちな人は
おっとりした人に
イライラする
ドキッ…
寡黙な人は
騒々しい人に
イライラする
ポテト
そうかも
しれません…
けどそれが
なんですか?
つまり…
君の価値観の眼鏡が
いつも正しいとは
かぎらないんだよ
え…?
『~のはずだ』
『~に違いない』といった
強い思い込みは
イライラを生み出す原因
スッ

価値観の眼鏡は ひとつじゃない
本当に自分は 正しいのだろうか？ いま一度 自分の目を疑って 見かたを 変えてごらん
ご注文の ケーキ です
カチャ…
ち… 違うんです これは… その…
ごゆっくり
自分の目を… 疑う……
千夏ちゃん 帰ってこないねぇ
ウロウロ
ウロウロ

多喜さんと何を話してるんだろう
晴香ちゃんあの人不器用だからつい感情的に口走っちゃうんだよ
許してあげてね
私は今回はじめてのリーダーだから無事イベントが終わるか…
とても不安なの
だからチームの一員として一緒に不安を取り除いてほしい
お願い協力して

カタ…
どうしたの
晴香ちゃん
おーい
どこいくの
おいおい
なんなんだよ
…
くくく…
このチーム本当に
バラバラだな…
どうなるか
見ものだ
フンッ
ギュッ
誠意印刷
SEII
誠意印刷
カチャ
どなたか…
いらっしゃい
ませんか？
お願いしていた
案件について
ご相談が
あるのですが…
！

サッ
坂上さんどうして…
本当にうちの橘は急ぎでお願いしませんでしたでしょうか？
ご迷惑をおかけしているのはわかっていますが確認していただけませんか？
！
私のために…？
だから聞いていないって言ってるじゃないですか
そこをなんとかお願いします！
パコ
忙しいんですよね
ボソボソ
カチャ…
あ…
ありましたね…
メールに書いてありました

いつもの通りだと
思い込んで
見過ごしてたようです
まいったなぁ
だったらどうして
まだできてないの？
けどまだ大丈夫でしょう。
ちゃんとイベントまでには
仕上げますから
ハハッ
休日返上で
やりますよ
それじゃぁ
もう
いいですよね？
ふざけるな
コラ!!
ドキドキ
残念です

御社とは長い付き合いがあるから信頼していました
けど…その思い込みと凝り固まった価値観で私は大切な部下を疑って傷つけてしまった
いっときの感情で大切なものを見失ってしまう自分が許せない…

今回の依頼はなかったことにしてもらえませんか
慣れ合いで少々緊張感が薄れてしまっているようです
ちょちょっとっ
大げさな
坂上さん
橘さん…
COFFEE
橘さんもわざわざ言いに来てくれたんだねありがとう
いえ…
…
…
橘さん

ごめんなさい
確認せずに怒鳴ってしまって…
だ…大丈夫です
わたしもきちんと念押しするべきだったんです
あんなにひどいこと言ったんだよもっと怒ってもいいのに…
なんなら殴っても!!
そんなことしませんよ
私はこれは神様が与えてくれたチャンスって考えてるんです
え？

いきなり宗教
違いますっ
違います！
生活していると必ず嫌なことが起こるじゃないですか
私のことかな…
けどそれは弱い私を強くしてくれる機会を神様が与えてくれるんだって考えるようにしているんです
そうすれば怒りの感情は全然湧いてこないんです…
なるほど…
橘さんにも怒りを抑える方法があるんだね
実は私もさっき一瞬怒りが込み上げたんだけど
第一感情を探して怒りを抑えたの
第一感情？
うん あのときに感じた第一感情は…

失望
だからそのことを伝えたのよ
フフフフフフフ
怒鳴るよりそのほうがいいと思います
けど仕事が増えちゃった！
新しい印刷所を探すんですよね
うん
あんなこと言っちゃったから
印刷所を探すの
私にやらせてください
え…
私を信じてくれた
坂上さんの役に今度こそ立ちたいです
橘さん…
じゃあお願いしちゃおうかしら
俺も手伝うよ

一人よりも
二人の方が
早いだろ？
ジャキーン
どうして
あんたがここに
いるのよ
ギャッ
キラッ
千夏さんのいるところ
どこにでも
出没しますよ
気持ち
悪い
ガーン
ははははっ
なんでだよー
怒らないことで
少しづつ雰囲気が
変わってきた
このまま
いい方向に
進んで
行けたらいいな

POINT

08 イライラや怒りは第二感情、まず第一感情を探す

イライラの第一感情は何だろう

怒りとは、実は第二感情で、その背景には第一感情があります。

第一感情とは、不安、ストレス、痛み、悲しみ、苦痛、寂しさ、弱さ、絶望、悲観などです。それに対して人は怒りを感じるので、原因となっている**第一感情を探すことはとても大切**です。

たとえば、夜遅くなっても高校生の娘が帰ってこないので、父親は「どこへ行ったんだ、連絡もしないで」「帰って来たら叱りつけてやろう」とイライラしています。

怒りは第二感情といって
その背景に第一感情があるんだ
第二感情
怒
第一感情
不安 ストレス 痛み 悲しみ 心配
苦痛 寂しさ 弱さ 絶望
わかりやすく言えば、大切な娘が夜中に帰ってきて怒鳴ってしまう父親がいるでしょ
ガチャ
ただいま
何時だと思ってるんだ!
私もよく怒鳴られました
そうなの…
けど父親は怒りたかったから怒鳴ったんじゃない
心配していたからこそ怒鳴ってしまった
そわ
このときの『心配』という感情こそが第一感情なんだ
心配
そわ
第一感情がみつかればそれを素直に伝えればいい
お父さんはお前に何かあったんじゃないかとすごく心配したよ
これならイライラしても怒らなくて済むだろ

でも、ここで落ち着いて、「このイライラの第一感情は何だろう」と考えてみます。

この場合の第一感情は、「心配」です。

かわいい娘に何かあったのではないかと心配しているのです。

第一感情に気づくことによって、怒りの感情として表に出すのではなく、**「自分の気持ちをきちんと伝えるにはどうしたらいいか」**と考えます。

そして、次のように伝えたほうがいいのではないかと考えます。

「どうした？　お父さんはお前に何かあったのではないかと、すごく心配したよ。何もなくてよかった。今度遅くなるときは、メールしてくれると助かるよ」

このように、第一感情を探して、素直に伝えることは、すごく大切です。

怒らない技術の本質は、解決方法に焦点を当てること

千夏さんの場合も同じです。橘さんの仕事が終わっていないので「ちょっと！　いい加減にしてよっ!!　お給料もらっているんでしょ？　ちゃんとそれに見合った仕事しなさいよ。このままだと本当に給料泥棒よ！」と怒り出しそうになります。

でも落ち着いてイライラの第一感情を探し、それが「不安」であることに気づきました。そこで、「チームの一員として一緒に不安を取り除いてほしいの」と橘さんに協力をお願いしています。

また、印刷所の担当者が橘さんからの急ぎのメールを見落としていたとき、千夏さんは怒りを感じたはずです。ですが、自分の第一感情が「失望」であると探し、次のように気持ちを伝えていました。「残念です。御社とは長い付き合いがあるから信頼していましたけど…、その思い込みと凝り固まった価値観で私は大切な部下を疑って傷つけてしまった。いっときの感情で大切なものを見失ってしまう自分が許せない…」と。

怒らない技術の本質は、解決方法に焦点を当てることです。

部下の仕事が遅いことに、いくらイライラしても怒っても状況は変わりません。「急ぎなさい！」と叫んだら仕事があっというまに終わる、何てこともありません。そんなことにエネルギーを注いでも意味はありません。

コントロールできないことに集中するのではなく、あくまでもコントロールできることに集中するのです。

POINT

09 価値観の眼鏡をかけかえる

思い込みにとらわれてはいないか

商品発表会イベントで使う販促物が完成していないと知って、どうして千夏さんは橘さんを責めてしまったのでしょう。

ここには**「橘さんは仕事が亀よりも遅い」という思い込みがあった**のではないでしょうか。似たような経験はあなたにもあるのではないでしょうか？

たとえば、「上司のAさんがまったく仕事に協力してくれない」「部下のBさんは軽率でミスばかりする」と思い込んでしまうと、じつは、それほどひどくないのに、「またAさんは非協力的だ」「またBさんがミスをした」と、毎日イライラしてストレスを溜め込んでしまうのです。

橘さんは、印刷所に納期を急ぐよう伝えたと言っているのに、千夏さんは「誠意印刷とうちは長年の付き合いがあるから、嘘をつくわけがない」と聞く耳をもちません。これも千夏さんの思い込みでした。

結果としては、印刷所のミスだったのですから、上司と部下の信頼関係が崩れかねない危険な事態でした。

思い込みには十分注意しなくてはなりません。

イライラのもとは価値観の違い

「腹が立つ」「かっとする」「むかつく」といったイライラは価値観の違いから生まれます。

たとえば、あなたが仕事の早い人だとします。すると仕事が遅い人に対してイライラするでしょう。

自分が明るい性格であれば、暗い人にイライラします。

きれい好きな人は、だらしない人が気になります。

神経質な人は無神経な人が鼻につきます。

時間を守る人は時間にルーズな人が目に入ります。

でも、それは自分の価値観に合わないから気になるだけです。

自分のやり方に合わないからイライラしているだけなのです。

その人はそれでいい、それで普通だと思ってやっているのですから、**あなたがイライラしているのは、相手の問題ではなく、自分の問題**です。

自分で勝手にイライラしているのです。

だから、**自分が受け止め方を変える必要があります**。

たとえば、ミスばかりする新人にイライラしたら、

「自分も新人だったころはあの人と変わらないことをやっていたな」

と、考え直してみるのです。

あなたの価値観がいつも正しいとは限らない

人はつい自分の価値観で物事を見てしまいます。目の前の出来事には何の意味もないはずですが、自分の価値観の眼鏡を通して見てしまうのです。

ひとつの価値観の眼鏡で世の中を見ていると、イライラを生み出す原因になります。それほど世の中の価値観は多様なのです。

たとえば、中国には「列に並ぶ」という習慣がありません。私が住んでいたシンガポールも華僑の方が7割で、並ぶ習慣がありませんでした。

シンガポールに移り住んだばかりのころ、バスに乗る機会がありました。かなり疲れていたので、座席に座りたいと思い、バス停の先頭に並んでいました。私は「これで座れる」と思っていました。

ところが、バスが到着すると、バス停の周辺にいた人たちが、私のことなど目もくれず、我先に乗りこんで行ったのです。

結局、私は座ることができず、「並んでいたのに！」とイライラがわきあがってきました。

でも、「はっ」と思って価値観の眼鏡をかけかえました。考えてみたら、並ぶ習慣がある国のほうが少なく、日本はそのひとつです。日本のほうが珍しいのです。「並べば座れる」という価値観の眼鏡をかけていたために、イライラがわきあがってきたのですが、シンガポールでは、そうした習慣がそもそもないのだからしかたがない。郷に入っては郷に従えで、状況を受け入れることにしました。

要するに、今まで自分がかけていた価値観の眼鏡を、**別の価値観の眼鏡にかけかえることで、イライラしたこと、頭にきたことも、不思議と許せてしまう**ということです。

価値観の眼鏡はひとつではありません。本当に自分は正しいのだろうかと、今一度自分の見方を見つめ直してみることが大切です。

自分の思い、考えを、常に正しいと思わずに、「本当に正しいのか」と疑ってみます。

考え直して正しいと思えることなら、それはそれでいいでしょう。

ですが、本当に正しいかなと考え直し、「さっきはこう思ったけれど、こういう考え方もある」とか、「よく考えてみたらこういうケースもあるから、正しいとは言えない」と思うことがあります。

考えることによって、ものの見方、考え方が変わったり、学びを得ることもあります。

POINT

10 魔法の呪文をもつ

いやなことがあったら「神様が自分を試しているに違いない」

橘さんは千夏さんから印刷所への発注ミスを疑われ、叱られてしまいます。そのとき彼女は**「これは神様が与えてくれたチャンス」**と考えています。

橘さんは怒らない技術の達人かもしれません。

生きていると、いやなことが起きるものです。そうしたことが、イライラや怒りの原因になります。何かいやなことがあったとき、私はこんな言葉を自分に投げかけています。

それは、

「これは神様が自分を試しているに違いない」

ということです。橘さんと同じです。

私は、人に試されるのが嫌いです。だから、何かいやなことがあって怒りの感情がわきあがってきたり、逃げたくなったときには、「これは絶対に神様が自分のことを試しているんだ」と思って、「何くそ」と乗り越えるようにしています。

自分にぴったりの呪文を あらかじめ用意しておこう

怒りの種類やレベルに応じた**自分への戒《いまし》め、納得の仕方、勇気付け方などを、あらかじめ用意しておく**という方法があります。

次のような呪文を自分のなかに用意しておきます。

けどそれは弱い私を強くしてくれる機会を神様が与えてくれるんだって考えるようにしているんです
そうすれば怒りの感情は全然湧いてこないんです…

- すぐに終わる
- たいしたことはない
- この前だって大丈夫だった
- 必ず乗り越えられる
- これで世界が終わるわけじゃない
- きっとうまくいく
- 勉強するよい機会だ
- 何が勉強できるだろうか
- もっと辛い状況だって乗り越えてきたじゃないか
- こんな問題、1か月後にはきっと忘れているよ

たとえば、私はやらなければならないことが多すぎて、パンク寸前になり、すごくイライラすることがあります。そのとき自分に投げかける魔法の呪文は何かというと、

「終わりが来なかったことはない。目の前にある小さなことをひとつひとつ片付けていけば、必ず終わりは来る。夜が来れば、朝も来る。よし、まずはやらなければいけないことを書き出して頑張ろう！」

というものです。そうすると不思議なことにイライラが消えていきます。

ピンチのときには「これはちょうどいい！」と声に出して言う

仕事でピンチに陥ってイライラすることもあります。そのときは、

・殺されるわけじゃない
・打つ手は無限にある。必ず打つ手はあるはずだ

などと自分に投げかけます。なかでもよく使うのが「これはちょうどいい！」です。

「これは参った」と思ったときでも、「これはちょうどいい!」とわざと声に出します。するとと不思議なことに、**脳は自動的に「ちょうどいい理由」を考えはじめます。**

1歩踏み出す勇気が出ずにイライラするときの魔法の呪文は、

「人生1回きり! やってみなけりゃわからない」

「やらないで後悔するより、やって後悔したほうがいい」

こんな呪文を用意しています。

なかなか成果が出ずにイライラしているときは、

「確かな1歩の積み重ねでしか遠くへは行けない。だから、確実にひとつひとつ踏みしめてやっていくことが大切なんだ。人生に無駄なんかない。いつかどこかで必ず報われるはずだ。よし、頑張ろう」

というメッセージを自分に送ります。あとは落ち込むぐらいの失敗をしたとき、

・過ぎ去ればすべて過去
・戻ることはできない

・次回はどうするか
・同じ失敗を繰り返さないために何をすべきかを考えたほうが自分のためだ

など、どんどんポジティブになるような言葉を自分に投げかけていきます。

ここで注意したいのは、**とにかく前向きな言葉を使えばいい、というわけではない**ことです。たとえば、うまくいかないことに対して何の努力もせず「何とかなるよ」と開き直ったり、「何のために俺は仕事を頑張らなければいけないんだろう……」と悩んでいるのに、真剣に向き合おうとせず「そのうちわかるだろう」と臭い物に蓋をするかのように都合よく考えることは、単なる逃げ根性の意味付けですよね。

これでは意味がありません。「今日はカレーが食べたいな」と思い、食堂に入って、お店の人に、「とんかつください」と言ったら、とんかつが出てきてしまいます。それでは、あなたの願望や目標が達成されたことにはなりません。自分にとって都合のいい意味付けをするのではなく、**のちのち後悔のない、自分がほしい成果に対して必要な意味付けをする**ことが必要です。それが「言葉が現実をつくる」ということなのです。

POINT

11 怒らないと職場が元気になる

笑顔の人は、「一緒にいたい」と思われる

怒らない技術を身につけることによって千夏さんの職場の雰囲気は少しずつよくなっていきます。それはなぜでしょうか。

イライラと気難しい顔をしている人がいます。一方、上機嫌でニコニコしている人がいます。

あなたが話しかけたいと思うのはどちらですか？

いつも気難しい顔をして、他人の悪口ばかり言い、何かあるとすぐに怒り出す。そうい

う人の人生はとても幸せには思えません。

そして、できるならばあまりかかわりたくないと思われます。そういう人と一緒にいても、いいことはあまりないと思われるからです。一緒に遊びたいとも、仕事をしたいとも思われません。

一方、上機嫌にニコニコしている人は、「一緒にいたい」と思われます。その人の実力がどうであれ、一緒に仕事をしたい、一緒に遊びたいと思われます。

すべての人間の感情は共鳴しあうものです。**上機嫌は上機嫌を呼び、不機嫌は不機嫌を呼びます。**イライラはイライラを呼び、怒りは怒りを呼ぶのです。

笑顔は人生にプラスに作用する

自分の人生を振り返ると、**笑顔のおかげでさまざまなチャンス**に恵まれてきました。

自分で言うのも変ですが、私はまわりの人から「笑顔がいい」と言われます。「醸し出す雰囲気がとっつきやすい」「話しやすい」とも言われます。

これは私にとってラッキーなことでした。

気軽に話しかけてもらえたために、いろいろな人と出会え、いろいろな情報が入ってきました。それが仕事につながったこともありました。すばらしい人にめぐり会えたこともありました。

笑顔のおかげで、多様なチャンスに恵まれたのです。

今でもセミナーをやっていて、ある受講生の人から「嶋津さん、セミナーのなかではきっちり厳しいことも言うんですけれども、そのときの表情は得していますよね」と言われます。

部下に注意する場合も、あくまで**にっこり笑顔で「厳しいことを明るく返す」**を実践していました。

笑顔は笑顔を呼びます。子どもに笑顔で接していると、子どもは笑顔を返してくれます。だから、私は子どもに笑顔で接するようにしています。自分が子どもに教えられるのは、「笑顔だ」と考え、笑顔で接し、笑顔で問いかけています。

多喜幸一郎の
ちょっとブレイク

3杯目

「疲れた」「時間がない」「忙しい」は禁句

怒らない技術は感情をコントロールする技術です。世の中には変えられるものと、変えられないものがあります。変えられるもののひとつが、自分の感情です。自分で自分の感情をコントロールすることはできます。成功者の多くは感情コントロールの達人です。

自分が感情コントロールできているかどうかを確認するためには、基準を設けるといいでしょう。有効なのが言葉遣いです。

とくに「三大禁句」には注意しましょう。それは、「疲れた」「時間がない」「忙しい」です。この３つを平気で口にするようになったら、感情コントロールができていない信号です。

このように感情コントロールができているか、できていないかのチェックポイントを自分で設けるとよいでしょう。

もし、そう思ってしまったときは、自分自身への問いかけを変化させるとよいでしょう。たとえば忙しくてしようがないとき。きっと心のなかで「忙しい、忙しい」とつぶやいていることでしょう。

そういうときに「もしかして忙しくないのでは」と問いかけてみるのです。

こう問いかけることによって、物事を多角的に見ることができます。思い込みを捨てられるようになります。

そして、忙しくないと問いかけたら、どうして忙しくないか理由を考えてみます。たとえば、

「同僚も同じ仕事をこなしているじゃないか」

などと答えが出てきます。

これだけで心がふわりと軽くなります。

物語のなかで千夏は思い込みを捨てる技術のひとつとして「価値観の眼鏡」について学びました。これにより、晴香との仲が最悪のものとなるのを回避するどころか、グッと関係を深めることができました。

第3話 怒らずに気持ちが伝わる「4つのポイント」

オーモリ食品
数年前
山野くん
次のプロジェクトは君に任せるよ
本当ですか!?
ありがとうございます
必ず成功させるぞ
みんなも俺についてきてくれ
はいっ
プルプル…
ダメだ
ダメだ!
やり直せ
どうしてこんな簡単な仕事もできないんだ

何を考えているんだ
すべて俺に報告しろと言っただろ
俺をクビにしたいのか!?
くそっ
どいつもこいつも使えない…
みんなの前で怒鳴ることないよな
!
山野さん変わったよ
リーダーに選ばれて気合が入るのはわかるけど…
あれじゃあパワハラだよ
ピクッ
何がパワハラだ
お前らができないせいだろ!
ひっ
山野さん

君には
リーダーから
外れてもらう…
え…
どうしてですか!?
苦情が
相次いでるんだ
君が「怖い」と
イライラして
すぐに怒鳴るから
安心して仕事が
できないそうだ
ピクッ
しかしっ…
とにかく
決まったことだ
あきらめろ

だったらどうしてまだできてないの?
坂上千夏…
ビクッ
あんたリーダーでしょう
ちゃんと指示しなきゃ意味がないだろ
冬彦さん!
そんなこと自分で考え
なんだ
君も俺と同じだ…
頑張っても報われない…
どうしてできないの!
いつか誰も見向きすらしてくれなくなる
そう思っていたのに…
坂上さん
新しい印刷会社見つけましたっ!
ほんと!?
ハイッ
納期も大丈夫だそうです
やったな
よかった
新しいところも開拓してみるものね
…

橘さんに任せてよかった
これで安心ですね坂上さんの期待に応えられてよかったです
上手く取り込みやがった
けれど…どうやって…
HANA KOMA
半人前の人間を面倒みるなんてストレスは溜まらないのか?
多喜さん!!
ストレスが溜まって仕方ありません!
え
甘やかしてると調子乗るんでちょっとだけ怒っちゃダメですか?
ダメです
えーん

怒りたいのに怒れないってストレスがすごいんですよ
オレに任せろ！
まだ決まってないから！
印刷しました！
頼んだのこれじゃないのに…
ズ…
怒ることとストレスが溜まることの相関関係を間違ってはダメだよ
え…
カチャ
怒らないからストレスが溜まるんじゃない
いつまでも目の前の状況が変わらないからストレスが溜まるんだ
イライラを解消するには「**きちんと伝える**」こと
相手に伝えることで行動を変えてくれればストレスは溜まらないし
怒る必要もないんだ
ストレス
怒
上手く伝えられるかな…
不安…
会話に4つの要素を入れたらいいんだよ
①どんな行動に問題があったのかという具体的な事実
②具体的な影響
③どんな感情が自分自身に芽生えたのか
④相手への尊重をしっかり示す

例えば部下がお客様からのクレームをないがしろにして大きな問題に発展した場合、
怒るのではなく『課題を解決する』という気持ちで接する
問題発生！
怒
上司
課題解決
①どんな行動に問題があったのかという具体的な事実
その日のうちにお客様に折り返してほしいと言われたのに君は帰ってしまったね
②具体的な影響
そのせいでお客様の信頼を失ってしまったよ
③どんな感情が自分自身に芽生えたのか
私はとてもがっかりしている
④相手への尊重をしっかり示す
この件に対して君はどう思っているか聞かせてくれないか？
実は…
大切なのは相手への確認。
そして質問を忘れないこと
自分の気持ちばかりを言いっ放しではコミュニケーションにならないってことですか？
ん

その通りだよ
成長しているね
へへへ
コミュニケーションが取れれば誤解や勘違い、お互いの価値観の違いなどに
気づくことができるかもしれないでしょ
だから怒っちゃダメ
感情をコントロールできれば人生もコントロールできるから
はぁい
さぁみんなこの調子で頑張ろう
ガタッ
気に食わない…
!
KASHIN 印刷
どら焼き
…
翌日
会議室 4
えええ!! どうして新しい印刷会社への発注がダメなんですか?
サンプルも作ったのに!!

ダメとは言ってない…発注前にサンプルのチェックをしているんだよ
まーまー
え
チェックはしました
特に問題あるとは思えません
私もそう思ったんだが山野くんがもう一度チェックしろってうるさくて
え…
千夏ちゃんまだ発注できないってどういうこと?
山野さん曰くサンプルに小さなにじみが見えるんだって
にじみってこれですか…?
ほとんど誰も気づかないレベルですよね…
こんな難癖つけるようなチェックしてあの人は何を考えているんだ
とにかくこれが印刷ムラなのか技術的になんとかできるのかを印刷会社に確認することになったから
え…
そんなことやってて間に合いますか…?
きっと嫌がらせですよ

僕らだけでも イベントが成功しそう だからじゃないですか？
ひがんで邪魔 してるんですよ 山野さんだけ ほとんど何もして ないし…
きっと そうですよ 坂上さんは 怒らないん ですか？
目の前の出来事は 何の意味も ないのよ
へ？
どういうこと…？
…さあ
…
それに…
山野くんはリーダーを 任せられたことがあるほど 有能な人材だったからな
え
彼なりに 何か考えているの かもしれない
会議1
価値観の眼鏡を かけたままじゃだめ… ちゃんと本人と 話してみないと…

むっすー
とはいえ…何を話せばいいんだ
ポンッ
会話に4つの要素を入れてみたら
なるほど
まずどんな行動に問題があったのかという具体的な事実
山野さん
なぜ通常なら問題にならない些細なことにクレームをつけたんですか?
具体的な影響
ただでさえ時間が無いのにすぐに発注ができなくなりました
どんな感情が自分自身に芽生えたのか
課長に報告する前に私へ一言相談してくれなかったことが寂しいです
フッ
力不足ってことに気がついてないのか…
そして相手への尊重をしっかり示す
この件に対して山野さんはどう思っているか聞かせてくれませんか?
…

あんなものにオッケーを出す君のことを
リーダー失格だと思ってるよ
だ…
だからそれは気にならないレベルじゃないですかっ
うちは食品を扱ってるんだ
ビクッ
今回目立たない場所だっただけで
これがもし食品の上にかかったらどうする
え…
99人が気付かなくても1人に気付かれて
SNSにでも晒されてみろ
これ虫が入ってるみたい
今は何が原因で炎上するか予想つかないだろ
そうなれば大きな損失になり責任問題へと発展する
誰があんな印刷会社を選んだ
ドン
確かに…
そうなったらリーダーの私は会社にいられなくなる
!
ピクッ
あのそれって…
私のことを心配してくれてるってことですよね？
え
ドキッ

ば…ばかっ そんな わけっ…
あたふた
わかりやすい…
くすっ
コミュニケーションを とらないと 気付かなかった
なにを 言い出す んだ まったく
山野さんって 口は悪いけど 本当はいい人 かもしれない…
ひまだから 調べた だけだ！
課長に 聞いたんですが 昔リーダーを やられていたんですね
それがなんだよ
毎日毎日 部下の人たちを 怒鳴り散らしていたって 聞きました
使えない奴らを 使いモノにするには それしか方法は無いだろ
だけど 期待 していたん ですよね？
は？
部下たちに 期待していたからこそ 期待通りの 働きをしてくれないのが 気に食わない
バカヤロウ!!
思った通りに物事が 進まないイライラで つい乱暴な 言葉を使ってしまって
私もそう でした…
ピクッ

私と山野さんは
似ていると思うんです
こいつも
感じてたのか…
のしかかる
プレッシャー
思い通りに
進まない企画
収まらない
イライラ
部下を
怒鳴りたくて
怒鳴って
いるんじゃない
ただ
怒鳴る以外の
方法を知らない
ピクッ

ですよね
ガタッ
山野さんっ
ガタンッ
くだらない
怒鳴られたくないなら仕事を辞めればいい
ザッ
私はある人に「怒らない技術」を教えてもらいましたっ
ピタッ
…
「怒らない技術」だと…？
そうです
感情をコントロールできれば
人生もコントロールできるそうです
山野さんは本当はとても責任感が強く
部下思いの方だと…
私は思ってます
…
…
何が言いたい

もう一度
その情熱を
このイベントに傾けて
もらえませんか
パワハラだよ
パワハラだ
パワハラ
お断りだ
もう
あんな思いは
したくない
ガチャ…
!
その人は
言ってました
過去は
変えられない
…だけど

未来は変えられる
今の山野さんを形成しているのは過去の経験です
直面している「怒り」も経験の種が生み出した価値観が作り上げたものです
10年後20年後先の未来のために今新しい種を植えてください

一つ条件がある
三人を見ているとあまりのトロさにイライラしてきっと怒鳴り散らしてしまう
条件…？
だから俺にも怒らない技術を教えてくれ
!
会議室1
もちろんです！
これでイライラしながら見てなくて済む
ガシガシに鍛えてやる
ケケ
ケケケケ

POINT

12 目の前の状況が変わればストレスはなくなる

「怒るのを我慢するからストレスが溜まる」のは誤解

千夏さんのように、「怒りたいときに怒らないと、逆にストレスが溜まるのではないですか」「逆にイライラするのではないですか」と考える人はたくさんいます。『怒らない技術』の読者の方からもこうした質問を数多く受けます。

ですが、怒ることと、ストレスが溜まることの関係を誤解しないようにしましょう。

怒らないからストレスが溜まるのではなく、いつまでも目の前の状況が変わらないからストレスが溜まるのです。

怒らない技術の極意は、解決できることにフォーカスして、目の前の状況を変えることです。それによってイライラを解消しました。

このとき重要なのが**「きちんと伝える」ということ**です。

きちんと相手に伝えることで、相手が行動を変えてくれれば、ストレスは溜まりません。怒らなくても、伝えたいことを伝えられれば、ストレスは溜まりません。

上手な伝え方に必要な４つのポイント

そうなると漫画のなかで多喜さんが千夏さんに伝授していた「上手な伝え方」がポイントになります。それには、次の４つを入れるとよいでしょう。

1 **どんな行動に問題があったのかという具体的な事実**
2 **具体的な影響**
3 **どんな感情が自分自身に芽生えたのか**
4 **相手への尊重をしっかり示す**

千夏さんのチームでは出来上がった印刷のサンプルに山野さんがクレームをつけ、作業が停滞しました。これまでの千夏さんであれば怒ってしまったかもしれない場面です。しかし、千夏さんは、この4つを使って山野さんと対話しています。

1　どんな行動に問題があったのかという具体的な事実

「山野さん、なぜ通常なら問題にならない些細なことにクレームをつけたんですか？」

2　具体的な影響

「ただでさえ時間がないのにすぐに発注ができなくなりました」

3　どんな感情が自分自身に芽生えたのか

「課長に報告する前に私へひと言相談してくれなかったことが寂しいです」

4　相手への尊重をしっかり示す

「この件に対して山野さんはどう思っているか、聞かせてくれませんか？」

第 3 話 怒らずに気持ちが伝わる「4つのポイント」

とはいえ…
何を話せばいいんだ

会話に4つの要素を入れてみたら

なるほど

むっすー

まずどんな行動に問題があったのか
という具体的な事実

山野さん なぜ通常なら問題にならない些細なことにクレームをつけたんですか？

どんな感情が自分自身に芽生えたのか

課長に報告する前に私へ一言相談してくれなかったことが寂しいです

ただでさえ時間が無いのにすぐに発注ができなくなりました

力不足ってことに気がついてないのか…

具体的な影響

そして相手への尊重をしっかり示す

この件に対して山野さんはどう思っているか聞かせてくれませんか？

…

順番は前後してもよいですが、1～4の要素を入れ、相手に対して自分の考えを伝えます。

大切なのは4を忘れないことです。

千夏さんの場合も4をきちんと伝えたことで、山野さんの本音を聞き出すことができました。

自分の気持ちを言いっぱなしにするだけでは、コミュニケーションとはいえません。

私は最後に必ず、「いろいろ話したけれど正直な気持ちです。どう思ったか、聞かせてくれませんか」と**相手の気持ちを聞く**ことにしています。

POINT

13 気持ちを伝えあう大切さ

相手の気持ちがわからないからイライラする

口に出さず、「なぜわかってくれないのか」と思うとイライラします。

さらに「きっとこんなことを考えているのではないか」と**相手の気持ちを推測しているうちに不安が生まれ、イライラや怒りにつながります。**

「こう言ったら怒ってしまうんじゃないか」
「こう言ったら嫌われちゃうんじゃないか」
など、相手に決定権のあることなのに、あたかも自分に決定権があるかのように勝手に思い込んでしまうという悪い癖が人間にはあります。

私は会社員時代、営業をしていて、はじめはまったく売れませんでした。

そんなとき、ある先輩からいただいたひと言が私の営業を変えました。

それは、「高いか？　安いか？」「迷惑か？　迷惑じゃないか？」「買うか？　買わないか？」「満足か？　不満か？」などは、**「決めるのはお前じゃなくて、すべてお客さんだ」**というひと言でした。

それまでの私は、すべてを自分の物差しで考え、

「高いと思っているんじゃないか？」
「迷惑と思っているんじゃないか？」
「買う気がないんじゃないか？」
「これ以上プッシュしたら怒られるんじゃないか？」

など、お客様が何も言っていないうちに、自分で考えすぎてしまって、勝手に判断をし

てしまうことがありました。要するに気が弱かっただけですが（笑）。

しかし、それ以来、「迷惑なら断るはずだ」「価値がなければ買わないはずだ」「買う気がないなら断るはずだ」など、「すべてどうするかはお客様が決めるんだ」と思えるようになりました。

そうして伝えたいことは先入観をもたずにしっかり伝え、自分が正しいと思うことは先入観をもたずに行動するようになってから、不思議なことに売れるようになりました。要するに、**「相手が決める問題を、自分の問題として解決しない」**という考え方に変えたのが勝因でした。

思い込みをなくすという考えへのシフトチェンジは、売れる営業へ変わった大きな転換であったことは間違いないと思います。

これは、人間関係でも一緒で、

「こんなこと言ったら嫌われるんじゃないか？」

「こんなこと言ったら傷つけてしまうんじゃないか？」

と勝手に思い込んでいただけで、じつはそんなことはなかったということもよくあるのではないでしょうか。

一方通行ではなくお互いの気持ちを確認する

そうした状況を解決するには互いの気持ちを伝えあうことです。気持ちを伝えあうことで、互いの理解が深まることは多くあります。

たとえば、上司と部下はお互いにどんなふうに仕事をしていくかを言葉で確認しあいます。部下からは、どんな上司になってほしいかと聞き、上司からは、どんな部下であってほしいかを伝えます。

重要なのは、双方の思いを伝えあうという点です。

上司だけが、「きみにはこんな部下になってほしい」「こんな仕事をしてほしい」と伝えるだけでは不十分です。

「私は部下たちのことを第一に考える上司になるぞ!」と心に誓っていたとしても、それが本当に部下たちが求める上司かどうかはわからないのです。上司が勝手に思い込んでいる「部下が求める上司」になってもしかたがないのです。

いやなことであればあるほど伝えづらいし、タイミングや場所、その人の関係の深さなどを考えないと、正しいことであっても相手を受け入れがたいものがあります。

口に出さず、「なぜわかってくれないか」と思うとイライラします。

パートナーシップにたとえるとわかりやすいかもしれません。男性が、女性の髪型やメイクなどの変化に気づかず、女性の機嫌を損《そこ》ねてしまう、なんていう話がありますね。

女性としては、変化に気づいてくれないということは、自分に興味がないということなのか、と考えてしまうようです。女性は、自分を好きだったらそれくらい気づいてほしいし、気持ちを察してほしいのだと思います。でも、私もそうですが、男性は、雑にできているというか、わからないものなのです（笑）。なので、自分のどこが悪くて彼女が不機嫌なのかも見当がつかず、途方に暮れる男性は多いと思います。不機嫌になっていることさえ気づかない人もいるかもしれないですが……。

しかし、男性を擁護するわけではないのですが、**自分の気持ちを素直に表現しないままに、相手に理解してもらおうというのはたいへんむずかしい**ものです。

また、「こう言ったら相手が傷ついてしまうのではないか」「こう言ったら相手はいやな思いをするんじゃないか」などと考えて、言うべきことが言えなくなる場合もあります。

ですが、本当に相手のことを思っているときは、無責任に語る必要もあります。「相手がこう思ってしまうんじゃないか」と心配しなくても、**相手を思う気持ちがあれば、伝わるもの**です。

そもそも伝えられない人は褒める練習から

では、そもそも言いたいことを伝えるのが苦手な人はどうしたらいいでしょう。

それにはよいトレーニングがあります。

それは**相手のよいところ、すばらしいところを探し、口に出して相手に伝える**ことです。

言いたいことを伝えるのが苦手な人は、言いにくいことだけでなく、よいことも口に出して伝えていない傾向があります。

ですから、まずは相手が喜ぶこと、相手のすばらしいことを言葉にして伝える癖をつけます。すると不思議なことに、言いにくいことでも伝えられるようになります。

たとえば、

「〜してくれてありがとう」

「〜してくれて助かりました」

「〜してくれてうれしかったです」

「〜ができたのは○○さんのおかげです」

「今日の洋服素敵です」

「美容室行きました？　すごく似合っていますよ！」

「いつも朝早く来て仕事の準備をされていてすばらしいですね」


など、探せばいくらでもあるはずです。

相手のよいところを「必ず口に出す！」と決めて、勇気をもって伝えることからはじめてみてください。

POINT

14 変えられることに焦点を当てて状況を変える

過去は変えられない。未来は変えられる

私が怒りで部下を鼓舞しようとしていたことは前述したとおりです。過去に怒りで部下をマネジメントしようとしていた山野さんの姿は、かつての自分の姿と重なります。

あなたがどんな種をまいてきたかによって、今のあなたが決まっています。悪い種をまいたこともあるでしょうし、よい種をまいたこともあるでしょう。いろいろな種がありますが、今のあなたがあるのは過去にまいた種の結果です。

今、あなたが直面している「怒り」も同じです。あなたが過去に何をしてきたかによって、怒るような事態が目の前に現れています。

より正確に言えば、**過去から育《はぐく》んできたあなたの価値観によって、目の前の事実を不快ととらえている**のです。

ですが過去は過去です。変えることはできません。しかし、未来は変えられます。それには、これからどんなことをするかが重要です。

今の山野さんを形成しているのは過去の経験です
直面している「怒り」も経験の種が生み出した価値観が作り上げたものです
10年後20年後先の未来のために今新しい種を植えてください

嫌いな上司がイライラの原因

会社に嫌いな上司がいる、嫌いな部下、扱いにくい部下がいるという話をよく聞きます。

千夏さんと山野さんの関係も最初は良好とは言いがたいものでした。

じつは私も入社したてのころ、ソリの合わない上司がいました。その人に何か言われるたびにイライラしていたので、何とかしなくてはと思っていました。

ですが、会社員として働く以上、転職でもしない限り、上司を変えることはむずかしい。

そこでコントロールできることを見つけます。

嫌いな上司とうまく付き合っていくには、上司の思考を知ることです。

私とソリの合わなかった上司は、完全な結果主義でした。プロセスはどうでもよく、結果さえ出していれば何も言わない。反対に結果を出さないと毎日の行動に細かくダメ出しをされました。

私は、「この人には結果という贈り物をするに限る」と悟り、常に結果を出すよう頑張りました。

上司の「好き・嫌い」と、「成果を上げる・上げない」は関係ない

ところで、「嫌いな上司の下では頑張れない」とか、「成果を上げられない」という人がいます。ですが、上司の「好き・嫌い」と、「成果を上げる・上げない」は関係ありません。

上司によって、能力が発揮しやすいかどうかが決まる可能性は、ゼロではありません。だからといって、「上司が嫌いだから成果を上げられない」というのはプロではありません。

会社からお金をもらい、成果を求められているプロであるなら、上司によってパフォーマンスが変わってはいけません。**どんな上司の下につこうとも、そのときできる最高の力を発揮するのがプロ**です。

たとえ嫌いでも、上司である以上はうまく付き合い、自分も成果を出し、上司にも成果を出してもらい、部門をよくしていかない限り、結局は自分がいやな思いをすることになります。自分も頑張り、上司にも頑張ってもらい、部署部門をよくしていくことになった結果、いい思いができるのです。

多喜幸一郎の
ちょっとブレイク

4杯目

イライラしたら目の前の風景を変えてみる

ときにはイライラするものと間《ま》をとることも大切です。

上司は部下を育てるうえで我慢し、見守るという気持ちが大切です。ですが部下の仕事ぶりを見ていると、「そこはそうやるんじゃない」「いや、そこでそう言ったらダメじゃないか」などとイライラすることがあります。そういうときは、私は部下の仕事ぶりを見ないようにしていました。見れば見るほどイライラするので、その場から立ち去ります。


議論が白熱するあまり、「それはおかしい」「それは違う」「いや、お前がおかしい」などと建設的とは言いにくい、言い合いのような状態になってしまうことがあります。

そんなとき、

「みんなだいぶヒートアップしてしまったから、ちょっと休憩して、5分後に再開しよう」

などとひと息入れると、冷静に話し合えるようになります。

これは目の前の風景を変えているわけです。

目の前の風景を変えることによって、イライラとの「間」をとります。

イライラをきれいさっぱり解決するのはなかなかむずかしい。解決できたと思っても対症療法的に解消しているだけのことが多いのです。

それでも十分なのです。

四六時中どうしたら問題を解決できるかと考え続けますから、イライラと接近しすぎて、悩みと自分との「間」がなくなってしまいます。

そこで、目の前の風景を変えて「間」をとるように心がけるのです。

議論が行き詰まったり、新しい企画やアイデアが出てこなくなってしまったときは、思い切って外に出たり、休憩をとったりして気分転換をするといいでしょう。

第4話

人生をうまくいかせる「3つのルール」

秋山っ！
オーモリ食品
当日のタイムスケジュールをもう一度作り直せ！
は…はいっ
橘もバイトの時間の確認をしっかりしておくように
わかりました
山野さんさすがやり手ね…
指示が明確で判断が早い
勉強になる
けど…
ドキドキ

どうしてこんな
簡単な仕事も
できないんだ
このままだと
気合が空回りして前と
同じ失敗しちゃうかも…
何が
パワハラだ
お前らが
できないせいだろ!
山野さん
早くちゃんと
怒らない技術を
伝えてあげないと…
トッ
チームに活気が
出てきたね
イベント
明後日だっけ?
あ…
多喜さん
そうなんです
ようやく
形になってきました
坂上さんも
リーダーらしく
なってきたね
そんなこと
ないですよ
本当
だって
キャッ
キャッ
もー っ

もしかして
お二人は
そういう
関係なんですか？
なにっ!!
そんなんじゃ
ないわよ
そうなんですか
お似合いなのに
千夏さんの
裏切り者っ!
なんでよ
多喜さんは
私の
先生なの
いやあ…
先生？
なんの？
じ…
実は…
ん、
さぼってる？

会議室
へぇ 怒らない技術かぁ
この前 橘さんに話した 第一感情も
多喜さんに教えて もらったの
そういえばこの前 怒らない技術を 教えてくれるって 言ってたよな
いつだ
これまでの 遅れを取り戻すために 色々と忙しかったんで…
！
そうだ 多喜さん！
みんなに 怒らない技術を 教えてください！
ええ…
そんな 冗談でしょ
お願い します

あー…
仕方ないですね
ありがとうございます!!
スッ
それじゃあさっそく…
人生をうまくいかせるための「3つのルール」の話をしようかな…
キュ キュ
3つのルールの1つめは…
みんなが怒らない技術を習得すれば
きっと最高のチームになる!

怒らない技術を身につけたメンバーたちはー
着実に準備を進めていきました
そして…
2
3
4
9
10
11
16
17
18
イベント当日
TKYO BIG DOME
わぁ こんなに大きな会場だったんですか!
JINIR

知らなかった？
私はキンチョーして眠れなかったわよ
ガヤ
ガヤ
会場に来たのは初めてだから…
会場の真ん中のステージを使って発表会をするのよ
だから遠くからでも見えるように大きなパネルが必要なんですね
そうよ 派手にして目立たないとね
で…お願いしてたパネルは届いた？
もうすぐ到着するはずですよ 僕のセンス抜群のパネルが！
くくくっ 楽しみー
念のために確認の連絡入れてみます
もうすぐお客さんが入るから急いでね
もしもし
どうして当日着になんてしたんだ…
山野さんが色合いにこだわるからギリギリまでかかったんでしょ
はりきり過ぎなんですよ
な…なんだよ

千夏さん やばいよ！
どうしたの？
タッ
パネルを運んでいるトラックが渋滞で動けなくなっているそうです！
えええええ!?
今日は連休だから各地でイベントがあるんでしょう
こまったもんだ
なにを冷静に判断してるのよっ！
パネルがないと全然目立たなくなっちゃう
パネルのない発表会なんてあり得ないっ
どうしよう
坂上さん大変です
タタタッ
アルバイトが来れないそうです
えええぇ!?

電車が事故にあったって
よりによってこんなときに
復旧にどのくらいかかるの!?
時間までに間に合うのよね!?
あたふた
坂上
課長から電話だ
今度は何ですか？
急きょ社長が視察に来たそうだ
フフッ気合が入って早く来てしまったよ
えええっ! そんな話聞いてないですよっ!
こんなときに私が現場から離れるわけにはいかない どうしよう
もう最悪っ!
坂上さん
次はなに？

深呼吸してください
出来事には何の意味もないいんですよ
けど今は…トラブルでそれどころじゃ…
ギュ
みんな…
多喜さんから人生をうまくいかせるための「3つのルール」を聞いたじゃないですか
！

3つのルールの
1つ目
人生をうまくいかせるための
「3つのルール」
その1
命と時間を大切にすると
人生は成功する
命と時間を大切にすると人生は成功する
キュッ
コツ コツ
そんなこと当たり前じゃないの…
そう
当たり前のことなんです
どんな人も命は1つしかないし
一日は24時間と決まっている

知っていれば一秒も無駄にすることができないですよね
けど無駄ってなんですか…？
それこそが怒りです
怒
怒っても結果は同じです
成果は変わりません
なんのメリットもないイライラに時間を費やすなんてはっきり言って人生の無駄です

そういえば怒る人って早死にするって聞いたことあるわ
ええっまじで？最悪じゃん
うーん
無意味な「怒り」は人生の成功を遠ざけるってことですね
けどどうしても思ったとおりにいかないと怒ってしまうんだよなぁ
ビクッ
怒
怒
怒
気持ちはわかります
けど山野さんの人生はこれまで思いどおりに進んでいますか？
！
そんなわけないだろう
本来の予定では今頃部長だったのに
まさかこんな小娘の下で働くとは思わなかったよ
ひーひどいっ

私も子どもの頃ケーキ屋さんになりたかったのがなぜか和菓子を売ってるし…
まだいいよ俺なんて甘いもの好きじゃないのに和菓子メーカーで働いてるぞ
なんで？
いや…ここしか就職できなかったから
まぁ私も…
リーダーがこんなにも大変だとは思わなかった…
どうだい？
人生は思ったとおりにいかないものなんだ
人生なんてそもそもうまくいかないことの連続だから
それを楽しまなきゃ
カカッ
その1
命と時間を大切にすると人生は成功する
その2
思ったとおりにいかないのは楽しいこと
これが二つ目のルールです

思ったとおりに いかないのは 楽しいこと？
そんなこと あるんですか？
山野さん ゴルフは？
たしなむ ぐらいですね
なかなか 難しくて…
イライラして やめてしまいました
僕の ベストスコアは 79です
おぉ それはすごい
苦労したでしょう
それはもう 血のにじむ努力を しましたよ
ゴルフは本当に 思いどおりに いかないですからね
ゴルフ入門
なぜ 頑張れたんですか？
ゴルフはやっていて 楽しいんで
人生も 同じです

生きていれば越えるのに困難な壁は必ず訪れます
その壁を乗り越えれば大きな喜びや発見がきっと待っている
楽しんで取り組むことが大切なんだろ
人生は思った通りにいかないことを楽しまないとな

そして
三つ目が
頑張って努力をすれば
成功が手に入るか
わからないが
成長は必ず手に入る
人の心を
左右するのは
出来事じゃなくて
受け取り方ですよね！
当日のトラブル
なんて
よくあることだ
こういった
トラブルにこそ
チームの団結が
試されるんじゃないか？
えっ
フルフル

はははは
ええっ!?
なぜっ
すごいっ!
いつの間にかみんなが先生になってる
そうね
そうだよね
思ったとおりにならないことを楽しまないと
本番になって焦ってたみたい
生どら焼
そうね
このピンチ
みんなで
乗り越えましょう!
それでこそ千夏さんだ

ぐっ
それじゃあ パネルは僕が 走って取ってきます
え
走って!?
結構近くまで 来てるみたいなんで 間に合いますよ
行ってきます!
びゅんっ
気をつけて
すぐに近くに 友人が住んでいるので バイトの手伝いを 頼んでみます
本当っ!?
ありがとう 助かる
それじゃあ 社長は俺に任せろ
なんとか世間話して 時間を埋めておくよ
お願いします
なんだろ こんなにも ピンチなのに

嬉しくて
笑っちゃう
きっと
うまくいく
このチームで
良かった

POINT 15

人生をうまくいかせる「3つのルール」

その1

命と時間を大切にする

イライラや怒りは、命を縮め、時間をロスする

あなたは人生に「3つのルール」があるということを知っていますか?

このルールは人生のプレイヤー全員に共通しているものです。

そのなかでも最もシンプルな成功法則についてお話しします。

世界中には、さまざまな人種や民族がいます。いろいろな国に住んでいる人がいます。

当然、暮らしている環境は違うでしょう。そのほかにも男女の違い、能力の違いがあります。

それでも、万人に共通して与えられているものが、たったふたつだけあるのです。ひとつは命です。そして、もうひとつは時間です。1日24時間という時間です。このふたつはどんな人にも平等に与えられているもので、**人生でいちばんシンプルな成功哲学とは、命と時間を大切にすること**です。

ところが、イライラや怒りは、命を縮め、時間をロスする行為です。つまり、イライラや怒りはあなたを成功から遠ざけるのです。

人生の限られた時間を、たとえ1分でも1秒でも怒りに費《つい》やすのは無駄なことです。怒りという感情に支配されるのは愚かなことです。不機嫌、イライラ、怒りといったマイナス感情が、私たちの人生をどれだけつまらないものにしているでしょう。

怒りによって時間が奪われていく

怒って問題が解決するならどんどん怒ればいいと思います。でもそうではありません。私はかつて怒りという手段で、部下をマネジメントしようとしたわけですが、相手に自分の意図を伝えることもできず、部下の業績を上げることも一時的にしかできませんでした。何時間怒ろうと成果が上がらないのであれば、時間の無駄です。かつての私は膨大な時間の無駄遣いをしていたことになります。

さらに、怒りは尾を引き、時間を侵食し続けます。

ある営業マネジャーは「部下を強烈に怒ったあとは、自己嫌悪に陥り、丸1日仕事が手につかない」と言います。

「一度怒ると、その日は落ち込んで、仕事が手につかなくなる。よい発想もほとんど浮かばない」そうです。

彼の場合、たった5分怒っただけなのに、その日1日が失われてしまうのです。

一瞬の怒りが大切な時間を奪ってしまうのです。

すぐ怒る人は早死にする

また、怒りは命を削ります。

免疫学の権威、新潟大学大学院歯学部総合研究所名誉教授であり、『免疫革命』（講談社インターナショナル）などの著書のある安保徹先生は、**「すぐに怒る人には早死にが多い」**

と断言しています。

心と体は自律神経系でつながっています。自律神経は交感神経と副交感神経に分かれます。交感神経は「活動する神経」とも言われ、仕事やスポーツをするときに、心臓の拍動や血圧を高める働きをして、緊張状態をつくり、精神活動を活発にします。

これに対し副交感神経は「休む神経」と言われ、内臓や器官の働きをリラックスさせ、休息や睡眠をとるときに優位に働きます。

気持ちが高ぶり、筋肉などが緊張して興奮しているときは交感神経が働いています。逆にゆったりしているときには副交感神経が働きます。食べたり飲んだり、睡眠時も副交感神経が働きます。

このバランスがとれていれば健康です。

安保先生は、自律神経と連動して働く免疫システムの仕組みを医学的に明らかにし、免疫力をアップするには、副交感神経が優位に働くリラックスした状態をつくりだすことが大切と言います。

ところが**「怒る」などして、強いストレスを受け続けると、胃潰瘍《いかいよう》や高血圧、糖尿病、不眠、膠原病《こうげんびょう》、ガンなどにつながります。**

こう考えると、怒ることは、万人に共通に与えられた、「時間と命」を浪費する行為だとわかります。最もシンプルな成功法則「時間と命を大切に」に反する行為、それが怒ることなのです。

広い意味では命と時間は同義なのかもしれません。人間にとって命とは約80年（平均寿命）の時間であるといえます。もっと短い人もいますし、もっと長い人もいます。

命が、たった80年の時間だとすれば、たとえ1秒たりとも、無駄にはできません。**1秒でも時間を無駄にするということは、命を無駄にするということに等しい**ことだからです。

POINT

16 人生をうまくいかせる「3つのルール」

その2

思ったとおりにいかないのは楽しいこと

バンカーがあるからゴルフは楽しい

人生は思いどおりにはいきません。思いどおりにいかないのが人生です。
だから、いちいちイライラしたり、怒ったりするのは無駄ではないでしょうか。
でも、**思いどおりにならないから人生は楽しい**のではないでしょうか？

ゴルフはよく人生にたとえられます。そのホールをどう攻略するか考え、ターゲットに向かってボールを打つ。右に曲がったり、左に曲がったり、思ったとおりに飛ばないこともよくあります。突然風向きが変わり、とんでもない方向へ流されることもあるでしょう。

いろいろな条件が複雑に重なり合うため、人生になぞらえることができる奥深いスポーツです。

では、ゴルフをはじめて、すぐにうまくなってしまったら、「おもしろいスポーツ」と思えるでしょうか。私はそうは思いません。

みんながよいスコアを出せるように、グリーンまでの距離を短くし、コースはすべて真っ直ぐにし、バンカーやクリークを全部なくしてしまったらどうでしょう。

きっとそれではとても味気ない。結局は、そうした**困難を克服したうえで、自分の求め**

ている成果が得られるのが楽しいのです。

プロゴルファーの丸山茂樹選手は、

「ゴルフは楽しい、でもゴルフは苦しい。このふたつがなければゴルフじゃない」

と言っています。

もっとうまくなりたい、この壁を越えたいという場面では苦しみが伴います。しかし、それを乗り越えたときにより大きな喜び、楽しみが待っているのです。

ボウリングもそうです。ボウリングは、数メートル先に並べられた10本のピンを、できるだけたくさん倒すゲームです。だったらガター(レーンの横にある溝)なんて、なくしてしまえばいいじゃないですか。でも、やっぱりガターがあるから、ボウリングは盛り上がるのです。

トラブルを乗り越えることで人生は輝く

これは人生も同じです。

千夏さんたちのように、商品発表会イベントに向けて万全の用意をしていたのに、当日、パネルが届かない、アルバイトが来ない、突然社長がやってくる……なんてトラブルに見舞われることは珍しくありません。

自分が「こうしたい」「ああしたい」と思っても、神様のいたずらか、難問、関門、困難といったものが、毎日、目の前に現れます。

思ったとおりに物事が進まないと、イライラするでしょう。怒ったり、落ち込んだりもするでしょう。

でも、**人生とは思いどおりにいかないもの**なのです。

そのたびに、いちいち怒ったり、落ち込んだりしていては、時間ばかりが過ぎていきます。そして、怒ったり、落ち込んだりしていても何も生み出すことはできません。

思ったとおりにいかないのは楽しいこと。難問、関門、困難を乗り越えることで、人生はより輝きを増すのです。

POINT

17 人生をうまくいかせる「3つのルール」

その3

成功できなくても必ず成長できる

20代の苦労が成長につながる

ルールの3つ目は、**成功できなくても必ず成長できる、**です。

ビジネスパーソンが、いちばん輝く年齢は、一般的に30、40代といわれています。では、30～40代に輝くためにはどうしたらいいでしょう。

ある人材派遣会社が、30～40代の活躍しているビジネスパーソンにアンケートをとり、活躍の秘密を探ったことがあります。いろいろな回答があるなかで、ひとつだけ共通していることがありました。それは、20代のうちに、**ほかの20代が体験しないような、とてつ**

もない苦労をしたということです。ものすごい大失敗、ものすごくいやな思いなど、マイナスの経験をしていました。

サッカーの日本代表として活躍した中田英寿さんの現役時代の話です。『中田英寿　誇り』（小松成美著　幻冬舎文庫）に、中田選手がほかの日本代表選手を「今の世代の選手たち」と呼んだという件《くだり》があります。それに対して、著者の小松さんはこう記しています。

「今の世代の選手たち。私は可笑《おか》しくなって少し笑った。中田も他の選手もほとんど歳が違わない。だが、中田の考えは周囲から比べればまるで老成したものだ。セリエAやプレミアリーグで積んだ経験は、中田に状況を俯瞰《ふかん》する客観性と自分を曲げない意志をもたらしていた」

ここでは早くに海外に出て、多くの苦労と経験を積んだ中田選手が、ほかの日本代表選手に比べて、著しく成長している様子が指摘されています。

中田選手の場合、98年のワールドカップフランス大会後、活躍が認められ、セリエA・ペルージャに移籍しました。それまで所属していた湘南ベルマーレとの契約を解消して、海外リーグへ行ったので、よい成績を収められず解雇されたとしても、日本のチームに帰ってこられるわけではなく、背水の陣でした。

国内にとどまってJリーグでプレーする選手に比べると、物理的、精神的に環境は過酷です。ですが、そこに身を置くことで、猛スピードで成長していった。その感覚が「今の世代の選手たち」という言葉で表現されたのでしょう。

偶然ですが、私も新人時代に、「うちの会社は30歳定年制だから、ほかの会社に勤めているヤツの5倍働くぞ」と同僚たちと冗談半分に言い合ったことがあります。私が勤めていたベンチャー企業の仕事はすさまじく、激務に耐えかねた人が30歳前後で辞めていったのでした。そうしたなかで私は、上場企業に就職した大学の同級生の5倍くらいのスピードで生きている感じがしていました。

苦しみを乗り越えるプロセスこそ宝

ただ、注意しなくてはいけないのは、苦しんでいるだけではいけないということです。**苦しみから脱出するための試行錯誤こそが成長のエネルギー**なのです。

『イチロー頭脳』(児玉光雄著　東邦出版)という本のなかに、イチロー選手のこんな言葉が紹介されています。

「苦しんだから報われると思っていたら大間違いでしょう。同じ苦しむにしても、考えて苦しまないと。なにも考えないでただ苦しんでいても駄目だということですね。こんなに苦しんでいるんだからというところに逃げ込んだら、いつまでも違う自分は現れない。とにかく考えることですよ、無駄なことを。無駄なことを考えて、言葉にしようとしているうちに、なにかがパッと閃《ひらめ》くことがあるんですよ」

人はプロセスによって成長する

あなたは現在のポジションに満足していますか？

ポジションとは、経済力、能力、人間力、健康、社会的地位などです。

満足している人も、満足していない人も考えてほしいのですが、今のあなたの人生のポジションをつくったのは何でしょうか？　それは、あなたが過去にどんな経験をしてきたかによります。**輝きを得るためには、それなりの苦労、困難が必要**です。

夏の全国高校野球選手権大会は予選から甲子園の決勝まで2か月ほどの間に行われます。大会は短期間のうちに終わってしまうのに、一瞬の喜びを得るために毎日泥だらけになってボールを追いかけています。この日々の努力こそ大切なのです。

あなたは富士山の山頂に立ったことがありますか？　同じ山頂に立つのでも、ヘリコプターを使って10分くらいで行く方法もあれば、1合目から頂上まで歩いていく方法もあります。10分で到着したときの気持ちと、1合目から10日くらいかけて自分の足で歩き、途中いやな思い、痛い思い、苦しい思いをしながら頂上に着いたときの気持ち。

どちらのほうが達成感、充実感が得られるでしょうか？　たいへんだし、苦労もしたし、時間もかかったけれども、自分の足で歩いて登ったときのほうが、得られるものははるかに大きいはずです。

人は結果から学ぶことはありません。**人はプロセスから学ぶ生き物**です。プロセスを省略して、結果だけを得ようとしたらどうでしょう。運よく結果を手に入れることはできるかもしれません。ですがプロセスを経た人に比べて、学びは少ない。その後を長い目で見ると、学びの差が大きな差になるのです。

だから、困難に直面したら、それを**いかに乗り越えるかを真剣に考え、行動する**のです。頑張って努力をしても成功が手に入るかどうかはわかりません。ですが、必ず成長できるのです。

エピローグ

イベントから数日後——
オーモリ食品
主要
速報
グルメ
エンタメ
スポーツ
New Biz
新食感 生どら焼き 女子高生や子供に 大人気
いきなり 完売だって
よかったね みんな
本当に ヒヤヒヤものでした
わいわい
トラブルも色々あって大変でしたけど
みんなのおかげで無事に発表会も成功できましたし
商品も好調な滑り出し
言うこと無いです

どんなことがあっても大丈夫だよな
なんでも来いって感じよ
大変だっ!!
うちの会社が買収されちまった…
しかも外資
外資だってよかったじゃん
うちもケーキを扱うかもしれないな
やった!!
え?
キャッ
キャッ
新しいスイーツ!

なにを のんきなこと 言ってるんだ
みんな 明日から外国人が 上司になるって 大騒ぎだぞ
ジタバタ
ん…
まぁ なんとか なるんじゃ ないですか？
前からやろうと 思ってた 英会話の レッスン行こうかな
俺の 活躍の場は 海外って ことか
…
かわいい 外国人の 同僚いるかなぁ
そんなお気楽な ことを…
物事には 意味なんて 無いんです
ガタッ
は…

スッ
価値観のメガネをかけかえてみてください
きっと世界が変わって見えますよ！

あなたの感情がプラスになれば、プラスの感情に共鳴した人たちを引き寄せる

最後まで読んでいただきありがとうございました。

本書では、千夏とチームメンバーたちの成長が感動的なストーリーで描かれています。ですが、これは、けっして彼女たちだけの物語ではありません。

千夏が変わり、チームメンバーたちが変わったように、**あなたが変わることで、あなたの周囲も変わる**ということなのです。

怒りというマイナスの感情は、周囲にマイナスの影響を与えます。マイナスの感情に共鳴する人たちを引き寄せます。そういう集団はマイナスの成果を上げるでしょう。

一方、怒らないことであなたの感情がプラスになれば、周囲にプラスの影響を与えます。プラスの感情に共鳴した人たちを引き寄せます。そういう集団はプラスの成果を上げ

るでしょう。

私は、怒らない技術を身につけたことで、多くの成果を手に入れることができましたが、その理由は、本書の主人公・千夏と同様、**かけがえのない人間関係を手に入れることができた**ことによります。

物語の最初のほうでは、怒りをまき散らしながらひとりで頑張っていた千夏ですが、チームメンバーと人間関係を構築しなおし、千夏もメンバーもチームで成果を出すことの喜びに目覚めました。

当初千夏は、チームメンバーの言動を思い込みで判断していました。それを「価値観の眼鏡」をかけかえることで、**行為や発言の裏にある真の感情を読み取ろう**と努力しました。同時に、**自分の素直な気持ちを相手に表現**するようになりました。

そこから、千夏とチームメンバーたちの快進撃が始まりました。今まで怒ってばかりいたチームリーダーが怒らないと決めたことで、チームが変わっていったのです。

私も「怒らない」と決めてから、部下との関係があきらかに変わりました。

前述したとおり、管理職になったばかりの私は、部下に対し、ＫＫＤマネジメントを行っていました。「恐怖」「脅迫」「ドッキ」によるマネジメントです。「上司が部下にできる最大の貢献は、部下に目標達成させてあげること」と思っており、部下に目標を達成させるためなら、どんなことをしても構わないと思っていました。

当時を振り返りながら、人がなぜ怒るのかを考えたことがあります。ひとつの答えとして**「楽だから怒る」**ではないかと思うのです。動物の群れのリーダーは雄《お》叫《たけ》びひとつで、群れを統率することがあります。まるでスイッチひとつで相手を意のままにするような印象があります。人間の社会でもあのようにできれば何と楽でしょうか。

背景にあるのは、自分に対する弱さです。弱いから楽なほうを選んでしまいます。

私は怒りという手段で、部下を鼓舞しようとしたわけですが、相手に自分の意図を伝えることもできず、部下の業績を上げることも一時的にしかできませんでした。

何時間怒ろうと成果が上がらないのであれば、時間の無駄です。かつての私は膨大な時間の無駄遣いをしていたことになります。

私は怒らないと決めました。そして、部門全員（40～50人ほど）を集めて、私自身や会社に対する「悪口大会」をやりました。

とんでもないことを思いついたものだと、今となっては自分でも思うのですが、部下の意見を引き出すにはこれしかないと、そのときは思ったのです。KKDマネジメントの結果、気がつくと部下は誰もついてきていませんでした。そこで、**誰もが意見の言える環境をどんなかたちでもつくろう**と思ったのでした。

「さあ、悪口大会だ。遠慮なく俺や会社の悪口を言ってくれ」

私の悪口のオンパレードとなりました。

「嶋津さんのやり方は強引すぎるんですよ。私にはまったく理解できません」

「嶋津さんは白いものでも黒ということがある。とてもついていけない」

つい反応しそうになる気持ちを抑えながら、悪口を聞き終えた私は、最後に、「みんなの言いたいことはわかった。これについて改善する点と、変えることができない点、みんなが誤解している点について、明日みんなに話をしよう」といって、翌日そのすべてを発表しました。

以降、部下を怒ったことはありません。怒ることなく相手の話を聞き、相手に自分の意図を伝えました。私の感情がプラスになることで、チーム全体の感情がプラスになり、部下の業績を上げること、部門の業績を上げることができました。

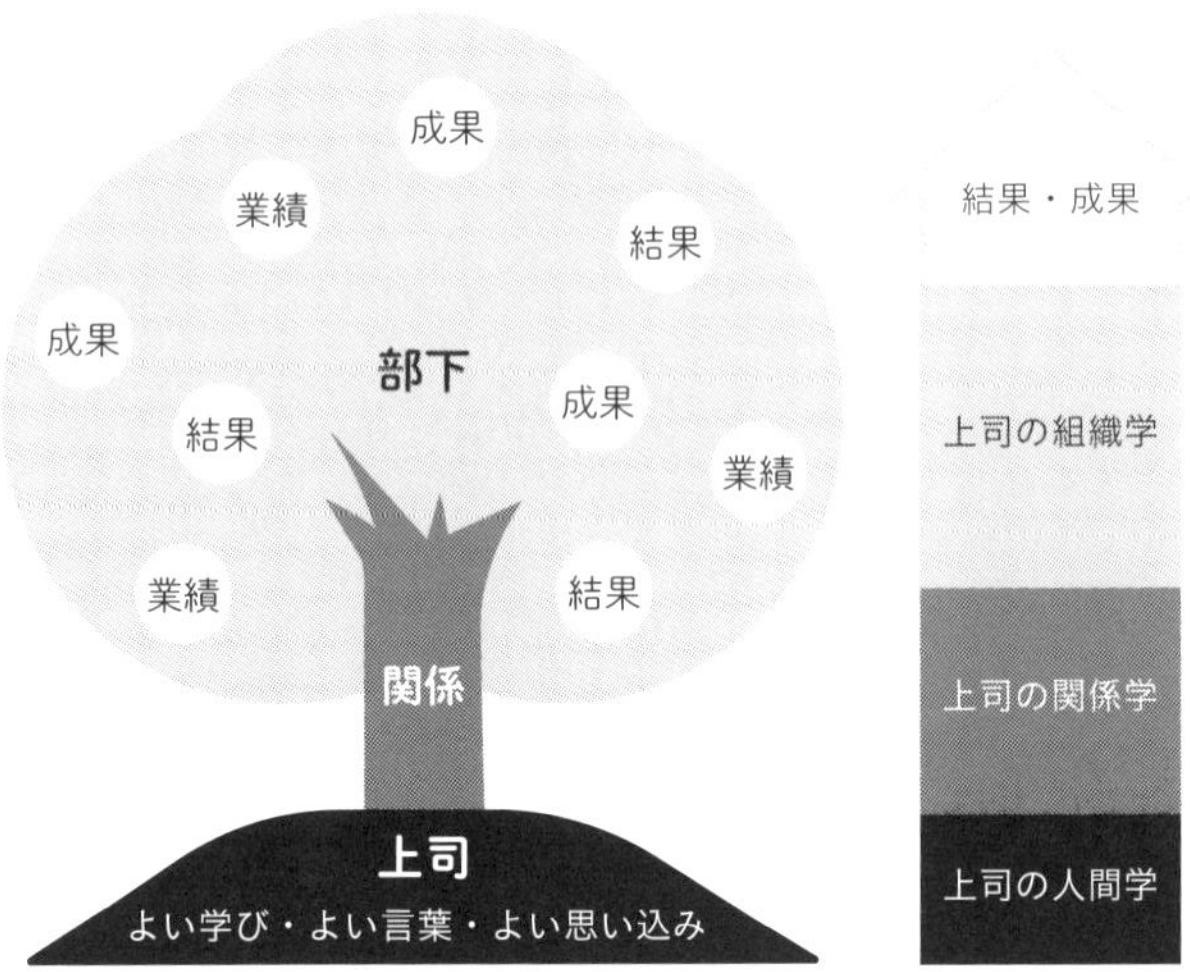

数年後、私は教育事業をスタートし、「上司学」(http://www.leaders.ac)というものをはじめました。これはリーダーが魅力的になることをめざします。部下は上司を見て育ちます。部下を変えたいと思ったら、**まずは上司自身が「上司とはどうあるべきか」「もののの見方、考え方」を学び、実践**しなければなりません。

次は、部下との一対一のコミュニケーションです。上司自身がどんなにすばらしい考え方を身につけたとしても、**心を開き合える関係でなければ、上司の言葉は部下には届かないでしょう**。そのために、コミュニケーションのスキル、テクニックを学び、部下との関係強化を図ります。

魅力ある上司となり、部下と最高の人間関係が築けたならば、最後の仕上げは組織づくりです。自分が統括する組織全体を強化し、生産性の高い集団につくりあげていきます。怒らない技術はそのための感情コントロールの方法です。

世の中で最もシンプルな成功法則は「命と時間」を大切にすることです。不機嫌、イライラ、怒りといったマイナス感情が、私たちの人生をどれだけつまらないものにしているでしょう。感情をコントロールできれば、あなたの人生は変わります。プラスの感情に共鳴した協力者がたくさん現れ、より大きな成果を目指すことができます。

人には、起こった出来事に対して、感情を選び、態度を選び、あり方を選ぶ自由があります。最後に次の言葉をあなたに贈りたいと思います。

「あらゆるものを奪われた人間に残されたたったひとつのもの、それは、与えられた運命に対して自分の態度を選ぶ自由、自分のあり方を決める自由である」

（ヴィクトール・E・フランクル『夜と霧―ドイツ強制収容所体験記録』みすず書房）

怒らない技術を身につけることで、あなたの人生がグン！と広がるはずです。

[著者プロフィール]
嶋津良智（Yoshinori Shimazu）

教育コンサルタント、一般社団法人日本リーダーズ学会代表理事、リーダーズアカデミー学長、早稲田大学講師。

大学卒業後、IT系ベンチャー企業に入社。同期100名の中でトップセールスマンとして活躍、その功績が認められ24歳の若さで最年少営業部長に抜擢。就任3ヶ月で担当部門の成績が全国ナンバー1になる。

その後28歳で独立・起業し代表取締役に就任。翌年、縁あって知り合った2人の経営者と新会社を設立。その3年後、出資会社3社を吸収合併、実質5年で52億の会社まで育て、2004年5月株式上場（IPO）を果たす。

2005年、『教える側がよくならないと「人」も「企業」も「社会」もよくならない』と、次世代を担うリーダーを育成することを目的とした教育機関、リーダーズアカデミーを設立。講演・研修などを通して、教える側（上司・親・教師など）の人達にアドバイスをおこなう。2007年シンガポールに拠点を開設し、グローバルリーダーの育成にも取り組む。

2012年から始めた「感情マネジメントが、どう人生や仕事の成果に影響を及ぼすのか」をテーマにした、『怒らない技術～人生・仕事の成果を劇的に変えるアンガーマネジメントのススメ』や、親子関係の改善により、自信を持って自分の才能を伸ばせる子供の育成を目的としたセミナー「おこらない子育て」が好評を博し、日本、シンガポール、タイ、インドネシアなどアジア主要都市で開催する。

2013年、日本へ拠点を戻し、一般社団法人日本リーダーズ学会を設立。リーダーを、感情面とスキル面から支える世界で活躍するための日本人的グローバルリーダーの育成に取り組む。主な著書としてシリーズ90万部を突破しベストセラーにもなった『怒らない技術』『怒らない技術2』『子どもが変わる 怒らない子育て』などの「怒らない技術」シリーズ、『不安をなくす技術』（すべてフォレスト出版）、『あたりまえだけどなかなかできない 上司のルール』『目標を「達成する人」と「達成しない人」の習慣』（ともに明日香出版社）、『だから、部下がついてこない！』（日本実業出版社）などがあり、著書は累計126万部を超える。

マンガでよくわかる 怒らない技術

2016年 3月15日　初版発行
2016年12月14日　7刷発行

著　者　嶋津良智
発行者　太田　宏
発行所　フォレスト出版株式会社
　　　　〒162-0824　東京都新宿区揚場町2-18　白宝ビル5F
　　　　電話　03-5229-5750（営業）
　　　　　　　03-5229-5757（編集）
　　　　URL　http://www.forestpub.co.jp

印刷・製本　中央精版印刷株式会社

©Yoshinori Shimazu 2016
ISBN978-4-89451-703-5　Printed in Japan
乱丁・落丁本はお取り替えいたします。

92万部のメガヒットシリーズはここから始まった！

『怒らない技術』『怒らない技術2』

嶋津良智 著

今日からイライラ禁止！
すべての原因は、
「イライラ」だった！
10代から80代までの
男女に読まれている
65万部のベストセラー！

定価 本体900円 ＋税
ISBN978-4-89451-818-6

怒ることで、あなたの
「人間関係」「評価」
「家庭」「健康」などが
失われてしまいます！
2週間でイライラ体質を
改善するプログラムつき。

定価 本体900円 ＋税
ISBN978-4-89451-860-5

今すぐ手に入る！

『マンガでよくわかる怒らない技術』

読者限定無料プレゼント

なんと2つも！

PDFファイル

もうひとつの「怒らない技術」

あの人気隠れキャラが主人公の番外編おまけマンガ。すぐに使えて効果絶大のスキルがマンガでわかる！

PDFファイル

「アンガーログ」どこでもシート

本編で千夏がトライしていたアンガーログ（怒りの記録）に気軽にチャレンジできるオリジナルシート。多喜さんからのアドバイスつき。

※PDFファイルは、ホームページ上で公開するものであり、冊子などをお送りするものではありません

※上記無料プレゼントのご提供は予告なく終了となる場合がございます。あらかじめご了承ください

この無料PDFファイルを入手するにはコチラへアクセスしてください

http://www.forestpub.co.jp/iracomic/

［アクセス方法］ フォレスト出版 検索

1 Yahoo!、Googleなどの検索エンジンで「フォレスト出版」と検索

2 フォレスト出版のホームページを開き、URLの後ろに「iracomic」と半角で入力